JN085365

公益財団法人清心内海塾
常務理事

布施直春［著］

Q&A

「職場のハラスメント」

アウト・セーフ

と防止策

中央経済社

はじめに——職場のハラスメントは6種類

　現在，職場で問題や話題になっているハラスメントには，主に，次の6つの種類があります。

　　1　パワハラ（パワーハラスメント）
　　2　セクハラ（セクシュアルハラスメント）
　　3　マタハラ（マタニティハラスメント）
　　4　パタハラ（パタニティハラスメント）
　　5　ケアハラ（ケアハラスメント）
　　6　LGBTハラスメント

　ハラスメントというのは，わかりやすく言えば，いじめ，嫌がらせ，不利益取扱い，排除などのことです。
　6種類の概要は次のとおりです。

1　パワハラ（パワーハラスメント）

　パワハラとは，①職場において，社長・取締役・管理監督者等の上司，同僚，部下による②優越的な関係を背景とした発言または行為であって，③業務上必要かつ相当な範囲を超えたものにより，④その事業主の雇用する男女労働者の⑤就業環境が害されること（身体的または精神的な苦痛を与えること）です。
　「パワハラ」の「パワー」というのは，「その職場の上司などであるという社内での優越的な関係を背景にした」ハラスメントという意味です。

（労働施策総合推進法）

2　セクハラ（セクシュアルハラスメント）

　セクハラとは，①職場において，その会社の役職員から，②男女労働者の意に反する性的な言動が行われ，それを拒否するなどの対応により，解雇，降格，減給などの対応の不利益を受けること，または，③性的な言動が行われることで職場の環境が不快なものとなったため，男女労働者の能力の発揮に悪影響が生じることです。

（男女雇用機会均等法）

3　マタハラ（マタニティハラスメント）

　マタハラとは，①女性労働者の妊娠，出産とこれに伴う産前産後休業，育児時間，健診のための通院時間などの取得，時間外・休日労働の禁止など，育児とこれに伴う育児休業，看護休暇の取得，時間外・深夜労働の制限措置の利用などを実質的な理由として，②不利益取扱いをされたり，就業環境が害されることです。

　「マタニティ」とは「妊産婦についての」ということです。

（労働基準法，育児・介護休業法，男女雇用機会均等法）

4　パタハラ（パタニティハラスメント）

　パタハラとは，①男性労働者が育児休業，看護休暇の取得など育児参加を通じて自らの父性を発揮する権利や機会の利用を，②職場の上司や同僚などが侵害する言動に及ぶことです。

　「パタニティ」とは「父性」ということです。

（労働基準法，育児・介護休業法，男女雇用機会均等法）

5　ケアハラ（ケアハラスメント）

　ケアハラとは，①男女労働者が，家族等の介護のための介護休業，介護休暇などの取得，時間外・深夜労働の制限措置の利用などを実質的な理由

として，②不利益取扱いをされたり，就業環境を害されることです。

　ここで「ケア」というのは，家族等の「介護」のことです。

（育児・介護休業法）

6　LGBTハラスメント

　LGBTハラスメントとは，①その男女労働者の性的指向・性自認等についての他の役職員の言動により，②不利益取扱いを受けたり，就業環境が害されることです。

　これは，広い意味ではパワハラやセクハラに含まれるケースが多いと思われます。

（労働施策総合推進法，男女雇用機会均等法）

　これら6種類のハラスメントに共通する点は，

①　会社の経営者，役員，管理監督者，一般労働者が，

②　その会社の雇用する労働者に対して，

③　不利益取扱いや就業環境を害する発言や行為を行うこと

にあります。

　会社に雇用されて働く労働者は，経営者，管理監督者，上司に対して弱い立場にあります。

　そのため，各関係労働法で，事業主（企業等）に対して，予防，発生時の対応などの措置の実施が義務づけられているのです。

　本書では，これら6種類のハラスメント，とりわけパワハラについて，その具体例，法律の改正内容，防止・解決対策などについて，わかりやすく説明します。

皆様のスピーディーな理解と対応に役立つことを願っています。

2020年7月

瑞宝小綬章受賞（2016年11月3日）

元厚生労働省長野・沖縄労働基準局長

布施　直春

目　次

第2章　パワハラの新ルール②〜職場のパワハラの6類型〜 ── 23

第 **1** 章

パワハラの新ルール①

～職場のパワハラとは何か～

① 職場のパワハラとはどのような言動か

> **Q1** パワハラに該当する発言や行為
>
> パワハラになるのは，どのような言動ですか。

Answer

以下の5つの要件すべてに該当する発言や行為のことをいいます。

【解　説】

1 「パワハラの要件」は5つある

　以前は，パワハラについて直接定義する法律がありませんでした。そこで，従来の雇用対策法が労働施策総合推進法，正式名称は「労働施策の総合的な推進並びに労働者の雇用の安定及び職業生活の充実等に関する法律」という非常に長い名前の法律に改正され，その中にパワハラについての根拠規定が新設されました（2020年6月1日から施行）。

　まず，「パワハラとは何か」が，この法律とそれに基づく厚生労働大臣指針（いわゆるパワハラ指針）に規定されました。

　具体的には，以下の①～⑤のすべてを満たすものが，職場における「パワーハラスメント」となります。

> ① 職場において，社長・取締役・管理監督者等の上司，同僚，部下による，

②　優越的な関係を背景とした発言または行為であって，

③　業務上必要かつ相当な範囲を超えたものにより，

④　その事業主の雇用する労働者の，

⑤　就業環境が害されるもの（身体的または精神的な苦痛を与えること）

　今回，定められたパワハラの要件は，それ以前からの厚生労働省のパワハラに関する研究会報告書で用いられた定義や，世間一般の考えるパワハラの概念とほぼ同じだと考えてよいでしょう。

2　すべてを満たさないと「パワハラ」にはならない

　これらすべてを満たすことが要件なので，優越的な関係，たとえば，上司から部下への発言であっても，業務上必要かつ相当な言動ならもちろん，パワハラにはなりません。仕事に関する指導すら「優越的な関係を背景にしたパワハラだ！」となってしまっては，仕事が進まないからです。

　とはいえ，この5つの要件だけでは「このケースはどうなるの？」という疑問が出てくることは必然です。そこで，より個別のケースについて，厚生労働省が「指針」（ガイドライン），正確には「事業主が職場における優越的な関係を背景とした言動に起因する問題に関して雇用管理上講ずべき措置等についての指針」（いわゆるパワハラ指針）（令和2（2020）年厚生労働省告示第5号）を出しています。これに含まれているのが，後述の「6類型」です。

　個別のケースが「パワハラか否か」は，5つの要件と上記の指針とを照らし合わせつつ，さまざまな条件を勘案した上で判断されることになるのです。

3　本来「絶対の判断基準」は存在しないが……

「これはセーフなのか？　アウトなのか？」

多くの人のパワハラについての最大の関心事は，これかもしれません。

本章では，新たに定められたパワハラ防止法の厚生労働大臣指針（告示）を紹介しつつ，「何がパワハラになり，何がパワハラにならないのか」を解説していきます。

ただし，会社で起こり得るあらゆるケースにおいて，白か黒かの絶対的な回答を準備することは不可能です。状況によって，あるいは相手によって，同じ発言や行為がパワハラになることもあれば，ならないこともあります。にもかかわらず，事例の言葉だけを拾って「これはパワハラだ！」と指摘するようなことは，職場をギクシャクさせてしまう面もあるということにご注意ください。

以下，「パワハラになる・ならない」について言及することは，あくまでも「パワハラになる可能性が高い・低い」ことだとご理解いただければ幸いです。

Q2	パワハラの要件①：「職場」とは

「職場」には，どこが含まれますか。

Answer

自分の会社内でなくても，業務が行われる場所であれば含まれます。

【解　説】

パワハラの第一の要件は「職場において（社長・取締役・管理監督者等の上司，同僚，部下による）」でした。では，「職場」とはどこのことで

しょうか。実はこれ，当たり前のようでいて意外と悩むところでもあります。

　自分が働いているオフィスや工場内が職場であることはもちろんです。では，取引先のオフィスで，自社の上司に暴言を吐かれたら，それは「職場内でのパワハラ」になるのでしょうか。あるいは，帰宅途中に偶然，同じ電車に乗り合わせたときは？　職場の懇親会の場は？　疑問は尽きません。

　これについて前記のパワハラ指針では，「当該労働者が通常就業している場所以外の場所であっても，当該労働者が業務を遂行する場所については，『職場』に含まれる」（指針2（2））としています。

　ということは，取引先の事務所や打ち合わせをするために入った飲食店，顧客の自宅等であっても，業務を遂行する場所であれば，自分の会社内でなくても職場に該当することになります。取引先への往復の移動時間なども，職場に含まれると考えてよいでしょう。

　問題は懇親会や忘年会などの場ですが，それに参加することがほぼ必須だという場合は，職場に含まれると考えてよいでしょう。一方，「通勤途中」や「帰路」についても，優越性という人間関係に基づく言動があれば「職場」の一環ととらえられるでしょう。

　どのケースも「社長・取締役・管理監督者等の上司，同僚，部下による」ものである必要があります。赤の他人から職場内で暴言を吐かれたとしても，それはパワハラにはならないということです。

　ちなみにこの「職場」についての解釈は，セクハラやマタハラなど他のハラスメントについても同様です。

Q3 パワハラ要件②：「優越的な関係を背景とした」とは

要件その2「優越的な関係を背景とした」とは，どんな関係がある場合でしょうか。

Answer

「指示や命令に従わなければならない関係」が存在する場合のことです。

【解　説】

1　上司などが該当

パワハラの要件をもう少し詳しく見ていきましょう。

パワハラの要件の第二は「優越的な関係を背景とした」言動である，というものです。パワハラ指針では，「当該事業主の業務を遂行するに当たって，当該言動を受ける労働者が当該言動の行為者とされる者……に対して抵抗又は拒絶することができない蓋然性が高い関係を背景として行われるもの」（指針2（4））とされています。法律特有のわかりにくい言い回しですが，簡単に言えば「指示や命令を聞かざるを得ない関係」となるでしょう。

一番わかりやすいのは「職務上の地位が上位の者による言動」，つまり「上司・部下の関係」です。直属の上司，部下である場合はもちろん，さらに上の上司や経営者も「優越的な関係」となります。たとえ役職は同じでも，年齢が上の先輩社員やベテラン社員が指示や命令をしているのだとしたら，これも優越的な関係になり得ます。

2　「部下から上司へのパワハラ」もあり得る？

ここで気をつけてほしいのは，パワハラとは決して「上司から部下へ」

という関係だけではないことです。同僚，あるいは部下から上司へのパワハラも存在します。こうした行為は「逆パワハラ」などと呼ばれることもあります。

　前記の指針ではパワハラの例として，「同僚又は部下による言動で，当該言動を行う者が業務上必要な知識や豊富な経験を有しており，当該者の協力を得なければ業務の円滑な遂行を行うことが困難であるもの」「同僚又は部下からの集団による行為で，これに抵抗又は拒絶することが困難であるもの」（指針2（4））を挙げています。

　前者はたとえば，部門においてその仕事ができる人が1人しかおらず，上司といえどもその人の言うことを聞かないと仕事が回らない，といった状況が考えられます。そして，その社員がその立場を利用して上司のことを無能呼ばわりすることも，パワハラになるということです。

　後者は，部門の部下全員が集団で上司をつるし上げる，無視するというような事態を指しています。

　こうしたケースはこれまで「マネジメント力不足」として片づけられがちでした。もちろん，その側面もあるでしょう。ただし，度を越した場合は部下もパワハラを問われることになりかねないということは，ぜひ知っておくべきだと思います。

Q4　パワハラの要件③：「業務上必要かつ相当な範囲を超えた言動」とは

要件その3「業務上必要かつ相当な範囲を超えた言動」とは何でしょうか。

Answer

　たとえば，相手の人格を否定するような言動が該当します。

【解　説】

1　ミスは否定しても，人格を否定しない

　パワハラの要件の第三は，「業務上必要かつ相当な範囲を超えた」言動です。

　前記のパワハラ指針では，「社会通念に照らし，当該言動が明らかに当該事業主の業務上必要性がない，又はその態様が相当でないもの」（指針2（5））とされています。

　具体的には，

- ●業務上明らかに必要性のない言動
- ●業務の目的を大きく逸脱した言動
- ●業務を遂行するための手段として不適当な言動
- ●当該行為の回数，行為者の数等，その態様や手段が社会通念に照らして許容される範囲を超える言動

が，例として挙げられています。

　たとえば，部下のミスを指摘し，注意することは業務上必要なことです。しかし，ミスをした部下の人格を否定するような言葉は明らかに必要のない言動だと言えるでしょう。「このようなミスは二度としないように」ではなく，「こんなミスをするなんて，お前は知能が足りないんじゃないか」「学歴が低いからこんなミスをするんだ」といった発言です。

　また，もしその指摘が的を射たものだとしても，同じ注意を毎日何十回も繰り返すというようでは，本人はたまったものではありません。

　では，どういう注意の仕方ならよいのでしょうか。また，何回の注意な

ら許されるのでしょうか。この判断は非常に難しいところです。指針でも「社会通念に照らし」「様々な要素を総合的に考慮すること」とされており，その発言がどのような意図で行われたのか，実際に問題行動があったのか等を踏まえて判断すべきとされています。

　だからこそ，後述する「6類型」が判断基準として必要になる，ということでもあります。

Q5　パワハラの要件④：「その事業主の雇用する労働者に対して行われる」とは

要件その4「その事業主の雇用する労働者に対して行われる」とはどのような意味でしょうか。

Answer

　その事業主の雇用する労働者に対して行われることが必要です。雇用されていない者は対象外です。

【解　説】

1　「誰が相手か」も要件になる

　パワハラの要件の第四は，「（その事業主の雇用する）労働者」に対して行われるということです。ここでいう労働者には当然，契約社員，パート・アルバイト等も含まれます。ただし，社外の人に対する暴言，たとえば取引先や業務委託をしている個人事業主などに対する「取引先いじめ」のようなケースは，独占禁止法等との関係や倫理的な問題はあっても，前記の指針でいう「パワハラ」ではないわけです。

　また，採用面接やインターンシップの際にひどい暴言を吐かれたといっ

たケースは，その人がまだ採用されると決定されていない段階では，やはりその事業主の雇用する労働者ではないので，この指針でいうパワハラとはなりません。ただし，これは許容されるものではありませんし，会社の評判を大いに貶（おとし）めるものであることは言うまでもありません。前記の指針でもこれらの人たちに対して，事業主はパワハラ問題が生じないよう配慮することが望ましいとされています。

　また，派遣労働者は本来，派遣元（つまり人材派遣会社）に雇用され，派遣先（実際に働く会社）に派遣されるものですから，働いている会社に直接雇用されているわけではありません。ただし，今回の改正により，派遣社員も自社の雇用する労働者とみなし，事業主にパワハラ防止・対応の義務が課されています。

Q6　パワハラの要件⑤：「就業環境が害される言動」とは

要件その5「就業環境が害される言動」とはどのようなものでしょうか。

Answer

　身体的，または精神的な苦痛を与える言動（発言または行動）のことです。

【解　説】

1　「就業環境が害される言動」とは何を指す？

　パワハラの要件の第五は，「就業環境が害される言動」です。その行為や発言が，相手の雇用労働者の就業環境を害したかどうかが，パワハラかどうかの判断基準となるのです。

　前記のパワハラ指針によれば，「当該言動により労働者が身体的又は精神的に苦痛を与えられ，労働者の就業環境が不快なものとなったため，能力の発揮に重大な悪影響が生じる等当該労働者が就業する上で看過できない程度の支障が生じること」（指針2（6））とされています。

　大声で怒鳴りつけたり，人格を否定するような発言が繰り返されれば，その社員が精神的に傷つき，仕事に悪影響が出るのは，十分予想できることです。身体的な暴力については，言うまでもありません。

　ただ，難しいのは人によって「打たれ強い人」「打たれ弱い人」がいることです。同じ言動を同じ条件で受けても，全く気にしない人もいれば，それだけで会社に来られなくなるくらい落ち込んでしまう人もいます。

　そこで，この点の判断にあたっては，「平均的な労働者の感じ方」を基準とすることが適当とされています。すなわち，同様の状況で同じ言動を受けた場合に，社会一般の労働者の多くが，就業する上で看過（見過ごすこと）できない程度の支障が生じたと感じるような言動であるかどうかということです。

2　「部下の遅刻を注意」もパワハラになるのか？

　「職場におけるパワーハラスメント」とは，これら5つの要件をすべて満たすものとされます。

　つまり，上司から部下への，明らかに優越的な立場から発せられた命令であっても，それが業務に必要なことならば，業務上必要な指示です。もちろん言い方にもよりますが，再三の遅刻をとがめることは，「業務上必要かつ相当な範囲」だと考えられます。

　あるいは，全く立場が同じ同僚同士のケンカは，どちらか一方の優越性に基づくものではないので，たとえ人格を否定するような暴言であっても，「パワハラ」ではないのです（もちろん，別の意味で対処が必要ですが）。

② 「職場のパワハラ」判断時の注意点

Q7 適正な業務指導とパワハラとの区分基準

適正な業務指導とパワハラとの区分基準を教えてください。

Answer

業務指導の目的，内容は必要なものであっても，その表現方法，やり方にまで配慮しなければ「パワハラ」になります。

【解　説】

1　これは適正な業務指導なのか，それともパワハラか？

さて，ここで1つのケースをご覧いただきたいと思います。あなたはどう考えますか。

　　ある保険会社での事例。実績が伸び悩む部下に対して上司が，「やる気がないなら，会社を辞めるべきだと思います。当部署にとっても，会社にとっても損失そのものです」「あなたの給料で業務職（契約社員）が何人雇えると思いますか。あなたの仕事なら業務職でも数倍の実績を上げますよ。これ以上，当部署に迷惑をかけないでください」というメールを送信し，同じ職場の職員十数名にも送信した。

これを読んで，多くの人は「辞めるべきという表現は問題だし，当人以

外にもメールをしたというのはやりすぎでは？」と思ったのではないでしょうか。

　ただ一方で、「会社の経営や部門の数字を預かる人間として、会社全体の損失や人件費を気にするのは当然のこと」と考えた人もいるかと思います。

2　裁判所の判断は？

　裁判所の判決でも、メール中に退職勧告とも取れる表現や、人の気持ちを逆撫（さかな）でする侮辱的（ぶじょくてき）な表現があること。そして、職場の同僚十数名にも送信したことは、本人の名誉感情をいたずらに毀損（きそん）するものだと判断しました。叱咤督促（しったとくそく）しようとした目的が正当であったとしても、表現が許容限度を超え著しく相当性を欠いていると判断したのです。

　したがって、上司のメールを送付した目的は部下の業務指導であり是認できるが、部下は名誉感情を損なわれたとし、上司に対し不法行為による損害賠償責任を認めました（A保険会社上司（損害賠償）事件・東京高判平17.4.20労判914号82頁）。

3　「目的」が正しくても「やり方」を間違えれば「パワハラ」になる

　この事例からわかるのは、「チームの実績を上げるため、メンバーを叱咤激励するのはマネジャーの仕事として認められる。ただし、そのやり方を間違えてはならない」ということです。

　だからこそ、パワハラについての正しいルールを知り、「何がOKで、何がNGなのか」を知らなくてはならない、ということです。

Q8 NGワード

「NGワード」という発想自体がNGですか。

Answer

　そのとおりです。同じ言動でも，状況によってはパワハラになります。

【解　説】

　「何を言ってはいけなくて，何を言ってよいのかを知りたい」

　パワハラについての話をしていると，よく，こういうことを聞かれます。ただ，「何を言ってよいのか，いけないのか」という発想は，少々危険です。

　2019年に成立した「パワハラ防止法」が定めている「職場のパワハラ」の定義は以下のとおりです。

　職場において行われる①優越的な関係を背景とした言動であって，②業務上必要かつ相当な範囲を超えたものにより，③労働者の就業環境が害されること（身体的もしくは精神的な苦痛を与えること）であり，①から③までの要素をすべて満たすもの。

　これを読めばわかるように，「何を言ってはいけないのか」ではなく，こうした条件にひっかかるような言動は何であれ慎まなくてはならないことなのです。

　たとえば，業績が低迷する部下に「なぜ，目標が達成できないのか？」とその原因を問うのは，業務指導の一環として認められるでしょう。でも，同じセリフを大声で怒鳴りつけるように，１日に何度も周りに聞こえるよ

うに言うことは，労働者の就業環境を害するものだと判断されても仕方がありません。

　第2章の②（47頁）ではクイズ形式で「これはパワハラかパワハラでないか」を取り上げていますが，本来，それらは，そのときの「状況による」というのが正解なのです。

Q9	適正な指示・指導を行うための注意点

　適正な業務上の指示，指導を行うための注意点を教えてください。

Answer

　相手に精神的なダメージを与えず，当人に自ら理解させ，納得させるようにするということです。

【解　説】

1　業務指導を「懲罰」（こらしめ）だと勘違いしていないか

　一方で，「客観的にみて，業務上必要かつ相当な範囲で行われる適正な業務指示や指導については，職場におけるパワーハラスメントには該当しない」とされています。

　つまり，業績不振や怠慢などを指摘したり指導したりすることは認められています。ただし，あくまでも適正にやってくださいね，ということです。

　では，適正な指示や指導とは，どういったものなのでしょうか。

　もちろん，これもケースバイケースではあります。

　ただし，大前提として1つだけお伝えしたいことがあります。それは「指導とは懲罰ではない」ということです。

必要以上に長時間にわたって叱責する。人前でこれ見よがしに怒鳴りつける。ミスを繰り返す社員を無視する……。こうした言動を行う人は，無意識的であっても相手に精神的なダメージを与えようとしているのではないでしょうか。

これは「懲罰」であり，「指導」ではありません。

もちろん，同じ間違いを繰り返す人にはときに「叱責」が必要なケースもありますが，目的は行動を改善してもらうことであり，恥をかかせたり，精神的にいたぶるためではありません。

「精神的に苦しめてこそ，反発心で奮起するはず」という昭和のスポーツマンガのような発想は，非常に危険です。

2　上司は部下の「コーチ」であれ

ヒントとなるのは「コーチング」という指導方法でしょう。

相手に対して一方的に指示するのではなく，相手に寄り添ったコミュニケーションを行うことで，相手自身に気づかせるというものです。

たとえば，前述のように「業績不振の原因を聞く」場合，「なぜ目標を達成できないのか，一緒に考えてみよう」というスタンスで，相手の考えを聞く。そしてそれをさらに掘り下げたり，アドバイスすることにより，本人が自分でその改善策をみつけ出していくのです。上司が自分の考え方を，一方的に部下に押しつけることはありません。

そもそも，自分のやり方を押しつけようとするから，それがうまくいかないことにいら立ち，パワハラ的な発言に至ってしまうのではないでしょうか。

何がパワハラになるのか細かいルール（パワハラの6類型）については次の第2章で説明しますが，大前提として「業務指導と懲罰は違う」「コーチングのアプローチ」を意識するだけでも，パワハラと言われることはぐっと少なくなるはずです。

Q10　カスタマーハラスメント（カスハラ）とは

「カスハラ」対応の問題とは一体どのようなものでしょうか。

Answer

取引先や顧客等からの著しい迷惑行為に対応することです。

【解　説】

　今回（2019年）の法改正では義務化されるに至りませんでしたが，もう1つのハラスメント対応として注目すべきことがあります。それがいわゆる「カスタマーハラスメント（カスハラ）」です。「顧客（カスタマー）ハラスメント」の名前のとおり，取引先や顧客等からの著しい迷惑行為を指します。

　最もわかりやすいのが，いわゆる「クレーマー」の問題でしょう。明らかに理不尽な要求を繰り返したり，ささいなことで激高して土下座を要求したりといったクレーマーは，「モンスターカスタマー」とも呼ばれて社会問題化しています。相手は顧客であるために無下にできず，暴言や長時間の拘束で心身に不調をきたすこともあります。

　いわゆる「下請けいじめ」なども，この範疇（はんちゅう）に含まれるでしょう。発注者であるという立場の強みを利用して，明らかに度を超えた値引きや納期の要求を突きつけてきたりといった行為は，そもそも下請法によって禁じられていますが，その過程において高圧的な態度や威圧的な言動があれば，それによってメンタルの不調をきたすこともあるでしょう。

　2019年の法改正に基づく厚生労働大臣の指針では，こうした問題に対処するために相談窓口を設けたり，「悪質なクレーマーには1人で対応させない」といった規制を設けたり，カスタマーハラスメントに対処するためのマニュアルを設けたりするなどの対処をすることが「望ましい」とされ

ました。

「望ましい」である以上，やらなかったから罰則があるといったことはないのですが，このように指針として言及されたことは，カスハラ解決への第一歩と言えるでしょう。

Q11 パワハラが発生しやすい職場

パワハラが発生しやすい職場の共通点を教えてください。

Answer

［図表1］のチェックリストの項目のような共通点があります。

【解　説】

さて，チェックしてみていかがだったでしょうか。

もし，あなたの職場が半分以上当てはまるようなら，少々気をつけたほうがよいかもしれません。

このチェックリストは私自身の経験と，厚生労働省が発表している以下のデータをもとに作成したものです。パワハラに関する相談があった職場の特徴についての調査結果です。

- ☑ 上司と部下のコミュニケーションが少ない職場　45.8%
- ☑ 失敗が許されない/失敗への許容度が低い職場　22.0%
- ☑ 残業が多い/休みが取り難い職場　21.0%
- ☑ 正社員や正社員以外（パート，派遣社員など）など様々な立場の従業員が一緒に働いている職場　19.5%
- ☑ 従業員数が少ない職場　13.1%
- ☑ 様々な年代の従業員がいる職場　11.9%

☑ 他部署や外部との交流が少ない職場 11.8％

（資料出所）厚生労働省，平成28年度「職場のパワーハラスメントに関する実態調査報告書（抜粋）」

[図表1] 「パワハラの起こりやすい職場」チェックリスト

御社は大丈夫？

- ☐ 社内での会話や雑談が少ない
- ☐ 上司と部下との間には高い壁がある
- ☐ 失敗が許されない職場の空気だ
- ☐ 残業が多く，年休も取りにくい
- ☐ 正社員と契約社員，パートなど様々な人がいる
- ☐ チームメンバーが2,3人など少ない
- ☐ 人事異動が少なく，メンバーが固定化されている
- ☐ 社外との交流が少ない
- ☐ 最近，業績が低迷している
- ☐ 成果主義により，社内での競争が激しい

　これを見る限り，「普段からコミュニケーションが少ないこと」が，パワハラの起こりやすさに最も関係しているようです。

　確かに，同じことを言われたとしても，普段から気心が知れている人同士とそうでない人とでは，受け取り方に大きな違いが出てきます。逆に言えば，普段からきちんとコミュニケーションを取っておくことが，最大のパワハラ防止になるのかもしれません。

　また，失敗が許されない職場でパワハラが発生しやすいというのは，想像できることです。残業が多い，休みが取りにくい職場も含め，「会社の余裕のなさ」がパワハラにつながってしまっているのでしょう。

　多様な人たちが一緒に働く職場でパワハラが起こりやすいという傾向がある一方で，外部との交流が少ない，いわば固定化されすぎている職場でもパワハラが起こりやすいという，両極端の傾向があるのは興味深い点です。

　組織の構成メンバーに適度な流動性を持たせつつ，多様な人材に十分に力を発揮してもらえるようにする「ダイバーシティ・マネジメント」の能力が企業経営に必要とされる，そんなことが言えそうです。

Q12	パワハラ加害社員と会社に対する処分等

　パワハラを行った社員，防止・解決を怠った会社に対して，どのような処分等が行われるのでしょうか。

Answer

　以下の処分等が行われる可能性があります。

【解　説】

　社員に対しては，①社内の懲戒処分，人事異動，②刑事処分，③パワハ

ラ被害者からの損害賠償請求が行われる可能性があります。

　会社に対しては，①厚生労働大臣による企業名の公表，②パワハラ被害者からの損害賠償請求が行われる可能性があります。

コラム　～パワハラの歴史～

Q	歴史上みられるパワハラは

「昔はパワハラなんてなかった」。では，そのさらに昔はどうだったのでしょうか。

Answer

　パワハラは昔からありました。

【解　説】

　「今はパワハラ，パワハラってうるさいけど，昔はこのくらいの厳しい指導が当然だった」

　いわゆる「昔気質」のビジネスパーソンの中には，内心，このように思っている人がいるのではないでしょうか。

　では，本当に昔はパワハラなんてなかったのでしょうか。

　パワハラは極めて現代的な問題である一方，有史以来，人類が抱えてきた普遍的な問題であるとも言えます。

　ブッダは，「愚かな人は他人に害を与えることを好む」と嘆いています。キリストは罪人を処罰しようとしている人に向かって，「自分に罪がないと思う人から石を投げよ」と諫めています。孔子の「己の欲せざるところ人に施すことなかれ」は，すべてのパワハラ上司に投げかけた

い言葉です。

　こういう言葉が残っているということは，おそらく彼らの周りにも「パワハラの気がある人」がはびこっており，問題視されていたのではないでしょうか。

　2020年の大河ドラマの主人公である明智光秀が謀反（むほん）を起こした理由は，一説によれば「織田信長からのパワハラ」だそうです。「忠臣蔵」では，浅野内匠頭は吉良上野介からのいびりに耐えかねて松の廊下で切りつけた，とされています。真偽はともかく，「権限がある人からいじめられてキレる」というパワハラの構図が，この時代から人々の認識の中にあったことがわかります。

　現在使われている交流電気方式の発明者であるニコラ・テスラは，「発明王」エジソンの電灯会社に入社後，エジソンと「直流か，交流か」について意見が対立したことで，エジソンから「パワハラ」を受けたそうです。しかもエジソンは退社後も，テスラに対するネガティブキャンペーンを続けたといいますから，あの発明王にして完璧な人格者ではなかったことがわかります。しかし結局，テスラの正しさが認められた結果，現在があります。

　結局，「パワハラが正しかった時代」など，どこにもなかったのではないでしょうか。

第 **2** 章

パワハラの新ルール②

～職場のパワハラの６類型～

① 職場のパワハラの６類型

Q1 職場のパワハラの類型とは

職場のパワハラの類型とは何でしょうか。

Answer

　職場におけるパワハラは，「事業主が職場における優越的な関係を背景とした言動に起因する問題に関して雇用管理上講ずべき措置等についての指針」（令和２年厚生労働省告示第５号，以下「パワハラ指針」という）では，以下の６類型（グループ）に分類されています。

【解　説】

　６類型とは，

---

① 身体的な攻撃（暴行・傷害）

② 精神的な攻撃（脅迫・名誉毀損・侮辱・ひどい暴言）

③ 人間関係からの切り離し（隔離・仲間外し・無視）

④ 過大な要求（業務上明らかに不要なことや遂行不可能なことの強制・仕事の妨害）

⑤ 過小な要求（業務上の合理性なく能力や経験とかけ離れた程度の低い仕事を命じることや仕事を与えないこと）

⑥ 個の侵害（私的なことに過度に立ち入ること）

です。

　それぞれに該当する発言や行為については以下に説明します。

Q2　第1グループ

パワハラの第1グループとは何を指すのでしょうか。

Answer

　身体的な攻撃（暴行・傷害）が該当します。

【解　説】

　身体的な攻撃（暴行・傷害）の例として、①殴打、足蹴りを行うこと、②相手に物を投げつけることが考えられます。一方で、該当しないと考えられる例として、誤ってぶつかることが挙げられます。

Q3　第1グループの該当言動例

第1グループの該当言動例を具体的に教えてください。

Answer

　以下のとおりです。

【解　説】

> ✖1　怒りのあまり、思わず部下にペンを投げつけた

　これについては、詳しく説明するまでもないでしょう。殴る、蹴るといった直接的な身体的攻撃は当然、パワハラに含まれます。

また，「ケガをしかねないものを投げる」といった間接的な攻撃ももちろん，パワハラとなります。「小さいものならよい」という話ではなく，ペンであっても目に入ったら大ケガになりかねません。

一方，ついうっかりぶつかってしまったり，誤ってものをぶつけてしまったりしてケガをさせてしまうようなケースは，パワハラにはなりません。悪気はないけどコーヒーをぶちまけてやけどをさせた，というようなケースもです。

念のために付け加えると，パワハラになるのはあくまで，「優越的な関係」を背景にして行われた暴力のことを指します。

では，たとえば，部下から上司への暴力はどうなるのでしょうか。

部下が上司に対して優越的な関係にあるという例外的なケースもあり得ますが，ほとんどの場合，パワハラとはならないでしょう。

ただし，「傷害罪」（刑法204条）として，刑法上の罪に問われることはあります。

Q4	第2グループ

パワハラの第2グループとは何を指すのでしょうか。

Answer

精神的な攻撃（脅迫・名誉毀損・侮辱（ぶじょく）・ひどい暴言）が該当します。

【解　説】

精神的な攻撃（脅迫・名誉毀損・侮辱・ひどい暴言）の例として，①人格を否定するような言動を行うこと（相手の性的指向・性自認に関する侮辱的な言動を行うことを含む），②業務の遂行に関する必要以上に長時間

にわたる厳しい叱責を繰り返し行うこと，③他の労働者の面前における大声での威圧的な叱責を繰り返し行うこと，④相手の能力を否定し，罵倒するような内容の電子メール等を当該相手を含む複数の労働者宛てに送信することが該当すると考えられます。一方で，該当しない例として，①遅刻など社会的ルールを欠いた言動が見られ，再三注意してもそれが改善されない労働者に対して一定程度強く注意をすること，②その企業の業務の内容や性質等に照らして重大な問題行動を行った労働者に対して，一定程度強く注意をすることが挙げられます。

Q5	**第2グループの該当言動例**

第2グループの該当言動例を具体的に教えてください。

Answer

　以下の✕1から✕5のとおりです。

【解　説】

✕1　「馬鹿野郎」「給料泥棒」などの，人格を否定するような発言をする

　パワハラで問題にされることが多いのはこのケースでしょう。実際，何が「指導」であり，何が「暴言」になるのかは，グレーゾーンが広いところでもあります。

　パワハラ指針ではまず「人格を否定するような言動」がパワハラとされています。

　たとえば，遅刻を繰り返す部下に対して，「これ以上の遅刻は周りにも迷惑をかけるので，二度と行わないように」とある程度厳しく注意するの

は，あくまで事実と希望を伝えています。一方，「これだけ遅刻を繰り返すのは，お前が人間としてなっていないからだ」「そもそもどんな教育を受けてきたんだ」という発言は，人格否定と受け取られても仕方がありません。

人格を否定する発言としては他にも，「ふざけるな」「役立たず」「給料泥棒」「死ね」といった直接的に攻撃するような発言はもちろん，「親の顔を見てみたい」「だから○○出身の人間は」なども，人格否定と取られかねない表現なので，避けるべきでしょう。

また，これ見よがしにため息をついたり，机を叩きつけたりといった行動も，人格否定になる可能性があります。

さらにパワハラ指針では，あえて「相手の性的指向・性自認に関する侮辱的な言動を行うことを含む」と，いわゆるLGBTを意識した項目が付け加えられています。「君は男なのに男が好きなのか？」「女性なのにまるで男性みたいだね」といった発言は完全にアウトです。

ただし，これはLGBTだけを対象にしているわけではありません。たとえば，女性経験がないことを揶揄するなどした上司・同僚の行動が「いじめ」と認定され，損害賠償請求が命じられた事件があります（川崎市水道局〈いじめ自殺〉事件）。

○印に改めよう！

このタイプのパワハラを避けるポイントは，あくまで「事実を叱る」ことです。たとえば，遅刻を繰り返す部下がいたとしたら，「今月はもう5回目の遅刻だ。このままではチームのメンバーにも迷惑がかかるので，改善してほしい」という言い方に変えるのです。

✕2　部下の人格を否定するような噂を流す

　パワハラ指針には書かれていませんが，直接本人に言うのではなく，「風説の流布」，つまり，悪い噂を流すことも，パワハラになり得ます。裁判例として「上司を中傷するビラを配布」「他の従業員の面前で横領行為の犯人扱いをする」といったことが違法と認められたケースがあります。

　噂というものはとかく，尾ひれがつきがちなものです。軽い気持ちで言った言葉がとんでもない悪口になって，本人に伝わってしまうこともあります。よい噂ならともかく，悪い噂を軽々しく口にしないほうがよいでしょう。

✕3　数時間にもわたり叱責を繰り返す

　業務について指示・指導したり叱責したりすることも，時には必要です。ただし，いくら業務遂行に関することであっても，必要以上に長時間にわたる叱責を繰り返し行うことはパワハラとなります。

　ミスをした部下への注意が，長時間にわたることもあるかもしれません。ですが，数時間にわたって怒鳴り続けるような怒り方は明らかに異常であり，それが繰り返されると，パワハラと認定されることになります。

○印に改めよう！

　叱責がついつい長時間にわたってしまう人には，いくつかの特徴があります。1つは「感情のままに言葉を発していること」です。話しているうちに怒りが増幅し，ついつい止められなくなる，というタイプです。

　こういうタイプの人はそもそも，「叱責とは自分のストレス発散のためではない」ということを再認識すべきです。肝心なのはあくまで，相手の行動を改善してもらうことです。「感情のままに怒ること」と「適切に叱

ること」は違うのです。

　もう１つは，「叱る内容が整理できていないこと」です。何度も同じことを繰り返したりしがちなのがこのタイプです。事前に「相手の何が問題なのか」を整理した上で，話すようにしましょう。

✖4　チームメンバー全員の前で１人の社員を怒鳴りつける

　そもそも，大声での威圧的な叱責自体がパワハラになる可能性が高いのですが，それを大勢の人の前で行うことは，相手の心にさらに大きなダメージを与えかねません。しかも，それが何度も繰り返し行われるようだと，完全に「アウト」です。

　部下指導の鉄則としてよく言われる「ほめるときは大勢の前で，叱るときは別室で」が，パワハラ対策でも重要だということです。

○印に改めよう！

　そもそもこうした行為を繰り返すタイプは，叱責の目的を「相手にダメージを与えること」だと勘違いしている傾向があります。本来の目的は「相手の行動を変えてもらうこと」であり，必要以上に相手にダメージを与えることは不要どころか，百害あって一利なしです。

　発言する前にひと呼吸置き，周りを見渡す。こうした余裕を持ってほしいところです。

✖5　特定の社員を罵倒するメールを多数の人に送る

　パワハラの要件は言ったことだけでなく，書いたことに対しても適用されます。相手の能力を否定したり罵倒したりするメールやメモ，メッセージを送ることも，パワハラと認定される可能性があるのです。

　最近はデジタルコミュニケーションの発達で，直接の発言ではなく，メールなどの文章によるパワハラも増えているようです。LINEなどのSNSやメッセージアプリがパワハラの舞台となることもあるでしょう。

　この例は「他の社員の前で大声で叱りつける」ことをメールで行う，ということとほぼ同義と考えられるでしょう。

　これは，前述した保険会社の例がまさに当てはまりますのでご覧ください（12頁）。「会社を辞めるべき」などというメールを，本人だけでなく部署のメンバーにも送ったというケースです。

◯印に改めよう！

　感情に任せてメールを打つと，ろくなことがありません。センシティブな内容であればあるほど，一度書いたメールを読み返すことが必要です。場合によっては一晩寝かせた上で送ることも考慮すべきでしょう。

　さらに，文章によるパワハラは，証拠が残りやすいという特徴があります。それだけに上司は注意しなくてはなりませんし，被害者側としてはパワハラへの対応策として，そうしたメールやメッセージを証拠として保管しておくことが重要です。

Q6	第3グループ
パワハラの第3グループとは何を指すのでしょうか。	

Answer

　人間関係からの切り離し（隔離・仲間外し・無視）が該当します。

【解　説】

●「仲間外し」がパワハラになる!?

　パワハラは暴言や威嚇などによるものだと一般的には考えられがちです。しかし，逆に「何も言わないこと」「何もしないこと」によるパワハラもあります。それが，3つ目の類型「人間関係からの切り離し」です。

　ここで挙げられているのは隔離や無視，仲間外しなど，まるで子どものケンカですが，こうしたことが会社内でも行われていることは，厳然たる事実です。

　人間関係からの切り離し（隔離・仲間外し・無視）の例として，①自身の意に沿わない労働者に対して，仕事から外し，長期間にわたり別室に隔離したり，自宅研修させたりすること，②1人の労働者に対して同僚が集団で無視をし，職場で孤立させることが該当すると考えられます。一方で，該当しない例として，①新規に採用した労働者を育成するために短期間集中的に別室で研修等の教育を実施すること，②懲戒規定に基づき処分を受けた労働者に対し，通常の業務に復帰させるために，その前に，一時的に別室で必要な研修を受けさせることが挙げられます。

Q7	第3グループの該当言動例

第3グループの該当言動例を具体的に教えてください。

Answer

　以下の✖1，✖2のとおりです。

【解　説】

> ✕1　自分の思いどおりにならない社員を仕事から外し，別室に隔離する

「仕事をやらせるとミスばかり。とてもじゃないが現場に出せない」ということで，ずっと別室に閉じ込めて何もやらせない。これはNGです。

　ただ，そのミスが商品に関する知識不足によるもので，まずは別室で商品について勉強させる，というのであれば，教育だと認められるでしょう。ただしパワハラ指針にあるように，あくまで「短期間集中的に」行うものに限られます（指針2（7）ハ）。

　かつて「追い出し部屋」「リストラ部屋」というものが問題視されたことがあります。リストラ候補になった社員をある部屋に閉じ込め，そのまま仕事をさせるわけでもなく，ただひたすら待機させる，トイレに行くことすら許可を取らなくてはならない，それに耐えきれなくなった社員が自主的に退職するように仕向けるというものです。バブル崩壊後に企業の業績が急速に悪化した時期に，これらの問題が表面化しました。当時は，パワハラという言葉はあまり知られていませんでしたが，これは明らかに「パワハラ」です。

> ✕2　チーム全員で1人の社員を無視する

何とも幼稚な話ですが，こうしたケースは少なくありません。

　また，いくらその社員の態度に問題があったとしても，チーム全員で1人の人を無視するといったことはパワハラになり得ます。

○印に改めよう！

　チームの足並みを乱す人は，どんな組織にもいるものです。だからといってその人を隔離したり無視したりすればよいかというと，それはあまりに短絡的な発想です。

　その人が「足並みを乱す」のはなぜでしょうか。もし，仕事のレベルが一様でないのなら，まずは教育を行うべきでしょう。態度の問題なら，足並みを揃えることの重要性を説いた上で，それでも従わないのなら，会社の手続に従って懲戒処分などを検討します。無視や隔離は，問題の先送りにすぎないのです。

　また，組織というのは怖いもので，無視や隔離を行っている当事者たちは全く悪いと思っていない場合があります。他部門でそうした事例が発生していたら，積極的に指摘するべきです。人事部門の担当者が目を光らせるなどの「外の目」も必要かもしれません。

Q8	第4グループ

パワハラの第4グループとは何を指すのでしょうか。

Answer

　過大な要求（業務上明らかに不要なことや遂行不可能なことの強制・仕事の妨害）が該当します。

【解　説】

　類型の4つ目が，「過大な要求」です。具体的には，業務上明らかに不要なことや遂行不可能なことの強制，仕事の妨害などです。不要なことの強制や業務の妨害が「過大な要求」というのは少しわかりにくいところで

すが，「適切ではない仕事の要求」くらいに考えればよいでしょう。

　過大な要求（業務上明らかに不要なことや遂行不可能なことの強制・仕事の妨害）の例として，①長期間にわたる，肉体的苦痛を伴う過酷な環境下での勤務に直接関係のない作業を命ずること，②新卒採用者に対し，必要な教育を行わないまま到底対応できないレベルの業績目標を課し，達成できなかったことに対し厳しく叱責すること，③労働者に業務とは関係のない私的な雑用の処理を強制的に行わせることが該当すると考えられます。一方で，該当しない例として，①労働者を育成するために現状よりも少し高いレベルの業務を任せること，②業務の繁忙期に，業務上の必要性から，当該業務の担当者に通常時よりも一定程度多い業務の処理を任せることが挙げられます。

Q9　第4グループの該当言動例

第4グループの該当言動例を具体的に教えてください。

Answer

以下の✖1から✖4のとおりです。

【解　説】

✖1　明らかに不要な業務を長期間行わせる

　一番苦痛な刑罰は「穴を掘り，それを埋めることを毎日繰り返す」ことだという話があります。人間にとって無意味なことは，大きなストレスになるということでしょう。

　だからこそ，「業務上明らかに不要なこと」の強制がパワハラとされるのです。パワハラ指針にある「長期間にわたる，肉体的苦痛を伴う過酷な

環境下での勤務に直接関係のない作業を命ずること」（指針2（7）ハ）とは少しわかりにくい日本語ですが，たとえば，掃除などの雑務ばかりをやらせたり，仕事に直接関係のない資料整理をひたすら指示したり，といったことなどが該当すると考えられます。

ちなみに裁判例では，車体の接触事故を起こしたバスの運転手に対して，それを理由に1カ月間にわたってバスに乗車させず，炎天下での除草作業などをさせた例が違法とされています。この事例では，除草作業自体はこれまでも手の空いている運転手が行うものとされていたため違法ではないが，期限を示さずに炎天下で作業を命じたことが違法とされました。

もちろん，仕事の効率を高めるため，時に仕事の手を止めてオフィスの片づけを命じることはあってもよいでしょう。でも，そればかりをいつまでもやらせるとパワハラになる可能性がありますよ，ということです。

✕2　上司の私的な雑用を強制的にやらせる

「タバコを買ってきて」は明らかにアウトです。自分の弁当を買うためにコンビニに行く部下に「俺の分も買ってきて」と頼むのもグレーゾーンです。しかし，「何か買ってきましょうか？」という部下に，お金を渡してついでに頼む，くらいなら問題ないでしょう。

かつての日本企業では，上司の引越しや大掃除に部下総出で手伝いに行くなどという話がしばしば聞かれましたが，それを今，強制したら明らかにパワハラになります。もちろん，自主的になら問題ないのですが，事実上，それが強制になっていることは多いものです。

上司が指示・命令できるのはあくまで業務上のことだけです。それを忘れ，いつの間にか部下のことを「何でも頼める人」だと思い込んでいないでしょうか。その姿勢がパワハラにつながるのです。

✕3　どう考えても達成不可能な目標を強制する

「遂行不可能なことの強制」もパワハラになります。

たとえば，新人研修と称し，新入社員にろくにやり方も教えずに「飛び込みで注文を取ってこい！」と命じるのは，商品にもよりますが，多くの場合は明らかにパワハラとなるでしょう。

かつてはこうした研修による「ふるい落とし」が実際に行われていた業界もあったようですが，今ではこんなことをしたら社員はすぐに会社を辞め，悪評が広まって誰も入社を希望しなくなるでしょう。

新人でなくても，あまりに大きすぎる売上目標を課すことはパワハラと判定される可能性があると考えられます。裁判例では，1年以上にわたって他の従業員より高いノルマを課し，達成できないことに対して人前で叱責したことが違法とされたケースがあります。

ただし，俗に「ストレッチゴール」などと言われますが，今より少しだけ高い目標を設定してその部下の成長を促す，ということは認められています。もちろん，どのくらいが「少し高い目標」なのかは難しいところで，ケースバイケースとしか言いようがないでしょう。

✕4　目標未達の罰ゲームとして男性社員に女装をさせて撮影する

「業務上明らかに不要なこと」には，いわゆる「悪ふざけ」も含まれると考えられます。裁判例として，販売目標数を達成できなかった美容部員が，意に反して「罰ゲーム」としてコスチュームを着せられ，その様子を別の研修でスライド投影したことが違法とされたケースもあります。

ひょっとすると仲間内では「単なる遊び」だと思っているようなことが，実は誰かに精神的な苦痛を与えているということは十分にあり得ます。

○印に改めよう！

　ここに挙げたどのケースにおいても，大事なのは部下の「納得感」ではないでしょうか。たとえば，目標設定においては，「こういう理由で君は前年120％の売上を達成できると思う。だからやってほしい」「商品の大ヒットで倉庫がパンクしそうで，せっかくのチャンスを逃しかねない。すまないがしばらく残業してほしい」などと理由を明示した上でお願いし，もし，相手が納得できないのなら，その思いも汲み取りつつ話を進めます。こうした姿勢を見せれば，少なくともいきなり「パワハラだ！」と言われるようなことはないはずです。

　一見，不要と思われる業務を頼まざるを得ない場合も，「倉庫がめちゃくちゃになっていることで，明らかに業務に支障が出てしまっている。申し訳ないが今週だけは，社員全員で整理作業をしてほしい」などと理由と期限を示せば，相手の納得感も高まることでしょう。

　一方，部下の側も，どうしても納得できない指示や目標設定に対しては，その「意図」を問うべきでしょう。それで納得できればよいですし，明らかに仕事と関係がない，あるいは過大だというのなら，それは「パワハラになる」のです。

Q10	第5グループ

パワハラの第5グループとは何を指すのでしょうか。

Answer

　過小な要求（業務上の合理性なく能力や経験とかけ離れた程度の低い仕事を命じることや仕事を与えないこと）が該当します。つまり，たとえば，「重要な仕事から外す」といったことです。

【解　説】

　業務上の合理性なく，能力や経験とかけ離れた「程度の低い仕事」をやらせたり，あるいは全く仕事を与えないこともパワハラになり得ます。

　「仕事が楽になるのに，パワハラになるの？」と思う人もいるかもしれません。ただ，仕事とはお金を稼ぐ場であるとともに，自分の能力を発揮する場でもあります。たまにならともかく，毎日のように簡単な仕事ばかり与えられると，それは大きなストレスになるのです。

　ここで問題になるのは，明らかに相手に苦痛を与えるために「過小な仕事」を命じることです。いわゆる「干す」という言葉で表されるような状況です。

　過小な要求（業務上の合理性なく能力や経験とかけ離れた程度の低い仕事を命じることや仕事を与えないこと）の例として，①管理職である労働者を退職させるため，誰でも遂行可能な業務を行わせること，②気にいらない労働者に対して嫌がらせのために仕事を与えないことが該当すると考えられます。一方で，該当しない例として，①労働者の能力に応じて，一定程度業務内容や業務量を軽減することが挙げられます。

Q11　第5グループの該当言動例

第5グループの該当言動例を具体的に教えてください。

Answer

以下の✖1，✖2のとおりです。

【解　説】

✗1　「働かない管理職」を辞めさせるため，わざと仕事を与えない

　たとえば，営業管理職として活躍していた社員に，いきなり「かかって
きた電話を取り次ぐだけの仕事をしてください」というのは，この「過小
な要求」になる可能性が高いでしょう。裁判例として，管理職（課長）を
退職させるために，受付窓口業務に配置転換したのが違法とされたケース
があります。

　年功序列型の日本企業では，増えすぎた管理職の扱いは頭の悩ませどこ
ろです。できれば「働かない管理職」にはさっさと辞めてほしい……そん
な会社の中には，あえて管理職にどうでもいいような仕事を与え，会社を
辞めるように暗に仕向けるケースがあるようです。

　経験も実績もあるはずの管理職が，普段はアルバイトがやっているよう
な単純業務ばかりをやらされたら，確かに苦痛でしょう。

　ただし，これが業務上の必要に応じたものならば仕方がないとされる場
合もあります。たとえば，国際部門ひとすじでやってきた社員に，一時的
な円高でしばらく事業を縮小するしかなくなり，その間，国内業務に携
わってもらう，といったケースです。

✗2　「仕事ができない社員」から仕事を取り上げ，何もさせない

　もっとストレスになるのは，「何も仕事がないこと」かもしれません。
「人間関係からの切り離し」にあったような隔離や無視はなくても，「仕事
を与えない」ということそのものがパワハラになる可能性があります。

　たとえば，気にいらない社員やミスを繰り返す社員に，嫌がらせや懲罰
として仕事を与えないことは，パワハラになり得ます。

　また，上司としては気を遣ったつもりであえて仕事を減らしたり，なくしたりしたことが「パワハラ」と受け取られる可能性もあるので，注意が必要です。

　ただし，もしその部下がまだ経験や能力が不十分で，しばらくは仕事に慣れる必要があるということなら，「仕事を軽減する」ことは許されます。また，病気やケガ，体調不良などで一時的に仕事量を減らすことも認められます。

　本来，仕事の目標はその人の能力や経験に応じて与えるべきですから，これは当然のことです。

○印に改めよう！

　人手不足の昨今，部下に対して「大した仕事を与えない」「働かせない」という選択肢は，誰にとっても不幸になるだけです。

　もし，部下の能力が足りないために活躍できないのなら，上司はそのための教育を行えばよいのです。

　また，「適材適所」という言葉もあるように，ある仕事を任せたら別人のように能力を発揮したという例は枚挙にいとまがありません。長年，営業しかやってこなかった社員が，そのコミュニケーション力を生かして人事や総務の仕事に就いたり，研究部門の第一線で働いてきた人が，専門知識を持つ営業として活躍するなどといったケースです。

　パナソニック創業者である松下幸之助は，人間はみな「ダイヤモンドの原石」であり，磨き方次第でいくらでも輝かせることが可能だと言っています。人をあきらめずに，「どう輝いてもらうか」を探っていくことこそが，本来あるべき姿ではないでしょうか。

Q12 第6グループ

パワハラの第6グループとは何を指すのでしょうか。

Answer

　個の侵害（私的なことに過度に立ち入ること）が該当します。つまり，「プライベートなことには踏み込まない」ということです。

【解　説】

　個人のプライバシー意識は，ここ数十年で最も大きく高まってきたものの1つかもしれません。

　かつて，同じ会社の人同士は同僚の家族構成や家の場所まで把握していたものですし，家族ぐるみの付き合いをすることも少なくありませんでした。もちろん，それを望んでいるならよいのですが，なかには望まぬ付き合いに神経をすり減らした人もいたことでしょう。

　パワハラ指針では，労働者が望まないのにプライベートに過度に踏み込むような言動はパワハラになることが明確化されました。

　個の侵害（私的なことに過度に立ち入ること）の例として，①労働者を職場外でも継続的に監視したり，私物の写真撮影をしたりすること，②労働者の性的指向・性自認や病歴，不妊治療等の機微な個人情報について，当該労働者の了解を得ずに他の労働者に暴露することが該当すると考えられます。一方で，該当しない例として，①労働者への配慮を目的として，労働者の家族の状況等についてヒアリングを行うこと，②労働者の了解を得て，当該労働者の性的指向・性自認や病歴，不妊治療等の機微な個人情報について，必要な範囲で人事労務部門の担当者に伝達し，配慮を促すことが挙げられます。

Q13　第6グループの該当言動例

第6グループの該当言動例を具体的に教えてください。

Answer

以下の✕1，✕2のとおりです。

【解　説】

✕1　ロッカーを開けて，中のものを勝手に撮影する

パワハラ指針では，過度な立ち入りの例として，「労働者を職場外でも継続的に監視したり，私物の写真撮影をしたりすること」（指針2（7）ヘ）を挙げています。こうなるともう，パワハラというよりストーカー行為のような気もします。

これは，特定の政党の党員であることを理由とし，職場内外で継続的に監視したり，他の従業員に接触しないよう働きかけたり，ロッカー等を無断で開けて私物の写真撮影をしたりすることなどが違法とされた裁判例があることを受けてのものでしょう。

✕2　「あいつ，ゲイらしいよ」と勝手に暴露する

また，性的指向・性自認や病歴，不妊治療といったデリケートな個人情報について，その労働者の了解を得ずに他の労働者に暴露することもパワハラとなります。アウトの例として挙げたLGBTに関することはもちろんですが，「結婚まだなの？」「子どもはいつできるの？」といった，かつての上司が当たり前にかけていたような言葉も，パワハラになりかねないことを示しています（これは後述する「セクハラ」に該当する話でもありま

す）。

　こうなると逆に「個人的なことは何も聞いちゃいけないんじゃないか」と，疑心暗鬼になってしまうかもしれません。ただし，「労働者への配慮を目的とする」ならば，家族について聞くことも許されています。実際，住んでいる場所や家族の状況といった情報は，その人にどんな働き方をしてもらうかに影響を与えます。

　また，当人の了解があり，必要な範囲内であれば，性的指向などについての情報の伝達も可能です。たとえば，トランスジェンダーの人が男性と女性に別れている更衣室を使う場合，どうするかなどは，会社としての対応が必要です。当人の了解の下，人事部などと情報を共有することは，パワハラとはなりません。

○印に改めよう！

　プライベートに「過度に立ち入る」の解釈がなかなか難しいところではあります。パワハラ指針が例として挙げたようなケースは犯罪スレスレのものが多く，たとえば，「休日に自宅に遊びに来るように上司にしつこく誘われた」「結婚相手を紹介すると言われて断れない」，あるいは，「SNSでプライベートなことに頻繁に口を出してくる」といったケースはどうなるのか，迷う方も多いでしょう。

　曖昧な言い方になりますが，結局は「当人がどう思うか」でしょう。

　たとえば，「今すぐ結婚したいです！」と普段から公言しているような社員に対してなら，結婚の話題を振っても構わないでしょうし，本人が望むならば相手を紹介することも問題ないはずです。

　一方で，週末にどこに行ってきたかという話すら，したがらない社員もいます。そういう人に，「今度の休日はどこに行くの？」などと無理やり聞き出そうとしてはいけません。ちなみに年次有給休暇を取る際，社員は会社にその理由を伝える義務はありません。

　パワハラ指針ではあくまで「過度」に私的なことに立ち入ることを禁じているだけで，私的なことを全く話してはいけない，とは言っていません。そしてその線引きは，人によって違います。

　「1人ひとりに合わせ，話してよいことを話し，話すべきでないことを話さない」。別に会社内に限ったことではありません。少々はっきりしない結論かもしれませんが，そんなコミュニケーションの常識を守ることが大事だということです。

＊　＊　＊

　以上が「パワハラの6類型」です。

　もちろん，これらを意識することは重要ですが，それによって必要な指示や命令までできなくなってしまっては，本末転倒です。

　そもそも，会社には経営権があります。この権利に基づき，上司は部下に対して業務上の指揮命令や指導，監督などを行う権限が与えられています。その業務を遂行するために必要かつ相当な範囲内においてこの権限を使用する分には，何の問題もありません。これはパワハラ防止法施行前も，施行後も，何ら変わることはありません。

　パワハラの定義を知ることで，上司の立場にいる方々は自信を持って自らの権限を正しく行使し，職務を全うしていただきたいと思います。

Q14　ソーシャルメディアハラスメント

「ソーシャルメディアハラスメント」の増加問題とはどのようなことでしょうか。

Answer

　会社の上司などがSNSに絡んでくることで精神的に圧迫を与える，という問題が増えていることです。

【解　説】

　「私的なことへの過度な立ち入り」がパワハラになる昨今，問題視されているのが「ソーシャルメディアハラスメント」です。

　主にプライベートで使用しているツイッターやフェイスブック，インスタグラムなどのSNS（ソーシャル・ネットワーキング・サービス）に，会社の上司などが絡んでくることで精神的な圧迫を与える，といったもので，

- プライベートな話題に頻繁に口出しをしてくる
- 上司が投稿した写真や記事に「いいね」を強要する

などがあります。

　特に，フェイスブックのように実名での登録が基本のSNSは，会社の人からみつけられやすい，という特徴があります。上司から友達申請をされ，断るのはなかなか勇気のいることです。

　たとえコメントをしてこなくても，上司とSNSでつながったことにより，常にプライベートを監視されているような気分になるのも致し方ないことでしょう。

　あなたの立場が上だとしたら，自分からSNSで部下とのつながりを求めるのは避けたほうがよいでしょう。仮にすでにつながっているとしても，SNS上で過剰に接触したり，SNS上の話題を会社で持ち出したり，ということも避けるべきです。

　一方，部下の立場にある人は，情報の公開範囲を制限したり，誰でも見られる状態にするならばそのリスクを考えながらSNSを使うべきです。昨今は人事担当者が就職希望者のSNSをチェックするような時代です。会社や上司はもちろん，取引先の人もSNSを見ている可能性があると考えて，発信をすべきでしょう。

　また，昨今はLINEなどのメッセージアプリを仕事で使用するところも増えていますが，休日や深夜に仕事の連絡をこうしたメッセージアプリに入れることも，ソーシャルメディアハラスメントと呼ばれることがあります。

　どちらも，「公私の境目が見えにくくなった」ことによるハラスメントだと言えるでしょう。

② 理解度チェック
—あなたは何問できますか？

　以下のQ&Aを読んでみて，誤りやご自分の判断，理解とは異なる点があったら，前述（第1章・第2章）の関係箇所を再読してみてください。

> Q1　何度言ってもなかなか仕事のやり方を改善しないA君。たぶん，上司である私の言うことを軽んじているからだろう。きつくお灸を据えるべく，今日は朝から晩まで1日中説教をした。あくまでも仕事のことで説教したわけだから，問題はないはずだ！

> Q2　とにかく仕事ができないB君。こんな社員が近くにいたらチームの士気に関わる。ということで，別室にて待機させることにした。足を引っ張られるよりいいでしょ？

> Q3　部下には厳しいのに，上司にはいつもペコペコしているC課長。あまりに頭に来たので，チーム全員で仕事をボイコットしたり，わざと聞こえるような大声でC課長の悪口を言ったり……。C

課長は困り果てているけど，このくらい当然の権利ですよね？

A （Q1～Q3）　どれも「パワハラ」になる可能性が高い言動です。

　いくら仕事上の指示や指導でも，それが度を超したものになってしまっては，パワハラとなるのです。

　また，パワハラというと「仕事を強要する」というイメージが強いと思いますが，「仕事をさせない」ことや「人間関係から切り離す」こともまた，パワハラになり得ることに注意が必要です。そして，パワハラはすべて「上司から部下に」とは限らない，ということにも注意すべきでしょう。

　パワハラの概念は意外と広いということを，まずはご理解いただければと思います。

> Q4　毎月，かなり厳しいノルマが課されるわが社。達成が厳しそうな社員はつるし上げられ，期末になると「明日までに注文100件取ってこい！」などという無茶苦茶な指示も……。確かにノルマが達成できていないことに責任は感じるが，どう考えても無理。これってパワハラになりませんか？

A　「到底不可能なことの強要」としてパワハラになる可能性があります。

　もちろん，仕事にノルマや目標を課すこと自体に問題があるわけではありません。ただ，それがあまりに高すぎることは問題です。

　しかもこのケースのように，「明日までに100件」は，普通に考えれば不可能な数です。

> Q5　毎日のように遅刻を繰り返すＡ君。それまで穏やかだった業務
> 　　　課長もついに爆発。「なぜ，定刻までに出勤できないのか」「会
> 　　　社員としての自覚が足りないのではないか」と大声で叱責。そ
> 　　　れに対してＡ君が「上司からパワハラを受けた」と会社を訴え，
> 　　　大問題に。

A　パワハラになる可能性は低いです。

　もし，部長が「キレた」のが一度きりだとしたら，「パワハラ」と呼ぶ
のは難しいかもしれません。そもそもこのケースではＡ君が遅刻を繰り返
すという問題があり，それに対する叱責自体は禁じられているものではあ
りません。ただ，強い叱責が「継続的に行われる」ことがパワハラになる
可能性があるのです。

　ただし部長がここで人格否定的な言葉を発すると，パワハラになり得る
ので注意が必要です。

> Q6　上司がこぼしたコーヒーで大やけど！　わざとじゃないのはわ
> 　　　かっているけど……。これ，パワハラでは？

A　パワハラではありません。

　部下に殴りかかるなど，故意に身体的な攻撃をすることは明らかにパワ
ハラですが，この例のように「ついうっかり」の場合は，パワハラとはな
りません。

　ただ，故意でないとはいえ大ケガをさせてしまったり，何かモノを破損
させてしまったりした場合は，それに対する損害を賠償する必要が生まれ
るかもしれません。

Q7　同じ野球好きだけれど，好きなチームは異なる上司と私。野球の雑談をするうちに何だか険悪な雰囲気になり，上司が「○○ファンなど出ていけ！」などと大暴言を！　これ，パワハラでしょ？

A　このようなことが連日続くようなら，パワハラになる可能性が高いと考えられます。

　「業務上必要かつ相当な範囲」の発言ならばパワハラにはなりませんが，この話の内容はどう見ても業務に関係していません。その上で，他のパワハラの要件を満たしていると考えられるからです。

　雑談とはいえ，その内容には十分気をつけたいところです。

Q8　あまりに営業成績が悪いA君。たまりかねたB部長は「外に出なくていいから，まずは商品パンフレットを熟読するように」と指示。でも，A君にはこれが屈辱に感じられたらしく「パワハラではないか？」と……。

A　これはパワハラにならない可能性のほうが高いでしょう。

　Q2のクイズで「仕事ができない社員を別室にて待機させる」という例をパワハラとして挙げました（47頁）。しかし，この例はあくまでも「戦力になってもらうための教育として」「期間を限定して」社内にいることを求めているからです。

　ただし，教育という名目で期限も決めず，ただパンフレットを読むだけとなると，パワハラと判断されても仕方がないと言えるでしょう。

> Q9　弊社では，お客様へのお茶出しは女性と決まっています。だっ
> て，お客様だって男性より女性にお茶を出してもらったほうが
> 嬉しいでしょ？

A　これはパワハラというより，セクハラになる可能性があります。

　男女雇用機会均等法では，「男女の差別的な取扱い」を禁じています。
つまり，「女性にだけ○○をやらせる」ということがセクハラになり得る
のです。そして，逆に「男性にだけ○○をやらせる」ことも禁じられてい
ます。

> Q10　いわゆる「時代遅れのおじさん」であるB氏。かつては営業部
> 長だったけれど，彼の営業方法はもう通用しない。他に仕事も
> ないから，電話当番をやってもらおう。

A　このケースは判断が二分されそうです。

　会社として客観的にB氏の現時点の業務遂行能力を評価し，それに見
合った職務に配置したというのであれば，パワハラにはなりません。

　ただし，直属の上司の独断でいじめや嫌がらせとして行われた配置だと
したら，パワハラに該当する可能性があるでしょう。

> Q11　ある日突然，私がパワハラをしていると訴えるメールが部下か
> ら人事部に。確かに教育のため，少々厳しく指導した側面も
> あったかもしれないが……。え，問答無用で部署異動？　それ
> はおかしいでしょ？

A このケースは判断が二分されそうです。

　部下からの訴えがあって初めて，「自分がパワハラまがいのことをして
いた」ことに気づかされることは多いものです。ただし，会社は当の上司
の言い分を聞かずに処分してはいけません。双方の話を詳しく聞き，事実
確認を行った上で対応を決める必要があるのです。

　詳細は第３章にて解説していくことにします。

（注）　その言動がパワハラ，セクハラなどに該当するか否かの判断は，さまざまな状
　　　況によって左右されます。
　　　　Ｑ１〜11のＡは限定された記述の下での１つの判断です。ここに記載されて
　　　いない状況の下では判断も変わり得ることをお含みください。

第**3**章

パワハラ防止法の内容と
今後の対策強化の見通し

Q1 パワハラ防止法とは

パワハラ防止法という新しい法律ができたのでしょうか？

Answer

　従来の４つの関係法律の改正が，まとめて「パワハラ防止法」と呼ばれています。

【解　説】

1　「パワハラ防止法」という単独の法律はありませんが……

　法律は，時代に応じて変化していくものです。セクハラに関する法規制が最初に行われたのが1997年。そして2019年６月，ついに職場におけるパワハラについての法律が成立しました。これがいわゆる「パワハラ防止法」です。

　誤解されがちなことですが，今回「パワハラ防止法」という単独の新しい法律ができたわけではありません。今ある複数の法律にそれぞれ改正が加えられたのですが，それらの法改正の総称として「パワハラ防止法」という名称が使われているのです。

　ちなみに，この点は2019年４月１日より施行された「働き方改革関連法」についても同様です。働き方改革関連法という新しい法律ができたわけではなく，労働基準法など従来の法律に加えられた改正の総称が「働き方改革関連法」と呼ばれています。

2　４つの関係法律の改正

　では，2019年に「パワハラ防止法」として改正されたのは何かというと，次の４つの法律です。

① 労働施策総合推進法
② 男女雇用機会均等法
③ 育児・介護休業法
④ 労働者派遣法

「これらの法律を改正することにより，パワハラをはじめとした各種ハラスメントへの対策強化を図る」。これが，今回の法改正のざっくりとした全体像です。

Q2 パワハラ防止法の要点

「パワハラ防止法」の要点を教えてください。

Answer

要点は以下の5点です。

【解　説】

2019年の法改正で，何がどう変わったのか。ざっくり言えば，次の5点です。

1　すべての企業に対して，職場におけるパワハラの防止や相談・解決についての対策の実施が義務づけられた
2　法律とそれに基づくパワハラ指針により，「どのような言動が職場のパワハラになるのか」が明確に定義された
3　国に対して，パワハラを含むすべてのハラスメントへの対策を，国の施策として行うことが義務づけられた

4　従来から法律で規定されていたセクハラ，マタハラ，ケアハラ等について，労働者が「そのことを会社に相談したこと」によって，会社がその労働者に対し不利益な取扱いをすることが禁止された

5　パワハラ問題の解決に「個別労働紛争解決制度による調停」が利用できるようになった

　他にも細かいことはいくつかあるのですが，「ざっくり」言えばこの5つになります。

Q3　企業のパワハラ対策の義務化

パワハラ対策の義務化とは何でしょうか。

Answer

　「すべての企業」にパワハラ対策の実施が義務づけられました。

【解　説】

　2019年の法改正の中でも大きなポイントは，職場におけるパワハラが法律で定義されるとともに，パワハラ防止対策が企業に義務づけられたということです。

　パワハラ問題がもたらすリスクを考慮し，独自のパワハラ対策を進めてきた企業もあります。ただ，それは全体の一部にすぎませんでした。これが義務化されたことで，企業は否応なしに対策を進めなくてはならなくなりました。

　この法律は2020年6月1日から施行されています。ただし，中小企業のパワハラ対策の実施については，2022年5月末日までは「努力義務規定」，つまり「できるだけ実施に努めてくださいね」ということになります。た

だし，2022年6月1日からは大企業と同じく「実施義務規定（強行規定）」となります。

中小企業は大企業に比べ多少猶予があるとはいえ，早め早めの準備をしておくに越したことはありません。

Q4　パワハラの定義と類型

パワハラの定義と6類型とは何でしょうか。

Answer

パワハラ防止法とパワハラ指針により，明確に定められたものです。

【解　説】

そして，もう1つのポイントが，「何がパワハラかの厚生労働大臣指針が示された」ことです。

実はこれまで，「何がパワハラに当たるのか」について，法律の条文による明確な定義はありませんでした。では，何をもってパワハラかどうかを判定していたかというと，過去の裁判例（判例）がその役割の一部を果たしていました。

たとえば，12頁で上司が部下に対し，侮蔑的なメールを本人だけでなく他のメンバーにも送信した保険会社のケースを紹介しました。この事案の判決の中で，裁判所が会社に対して損害賠償責任を認めたことで，「叱咤激励のためとはいえ，侮辱的な文面を社内の周りの人にまで送るのは法律的にルール違反となるのだな」と判断できるわけです。

しかし，そもそも裁判になるようなケースは，パワハラによって自殺に追い込まれてしまったりといった，極めて深刻かつ悪質なケースがほとんどです。それを判断基準にしたところで，パワハラ全般についての根本的

な防止にならないことは明らかです。

　そこで今回，パワハラとは何かを法律の規定により定義するとともに，厚生労働大臣による「指針」という形で，「具体的に何がパワハラに該当するのか」が明確化されることになったのです。

　法律の条文と厚生労働大臣指針で，次の5つの要素をすべて満たすものが，職場におけるパワーハラスメントであると定義されました。

①　職場において，社長・取締役・管理監督者等の上司，同僚，部下による，

②　優越的な関係を背景とした発言または行為であって，

③　業務上必要かつ相当な範囲を超えたものにより，

④　その事業主の雇用する労働者の，

⑤　就業環境が害されるもの（身体的または精神的な苦痛を与えること）

　これらに加えて，パワハラについての厚生労働大臣指針（告示）によってパワハラの「6つの類型」がより詳しく定義されました。

①　身体的な攻撃（暴行・傷害）

②　精神的な攻撃（脅迫・名誉毀損・侮辱・ひどい暴言）

③　人間関係からの切り離し（隔離・仲間外し・無視）

④　過大な要求（業務上明らかに不要なことや遂行不可能なことの強制，仕事の妨害）

⑤　過小な要求（業務上の合理性なく能力や経験とかけ離れた程度の低い仕事を命じることや仕事を与えないこと）

⑥　個の侵害（私的なことに過度に立ち入ること）

　すでに第1章と第2章で詳述していますが，この指針の内容は，従来から「これはパワハラになる」と考えられてきたものと，それほど大きな差異はないというのが正直なところです。ただ，こうして国の指針として定められたことに意味があると言えるでしょう。

Q5	**セクハラ・マタハラについての法改正**

セクハラ，マタハラについての法改正はなかったのでしょうか。

Answer
　これらについても関係法律が改正されました。

【解　説】

　すでに法律が存在しているセクハラやマタハラ，ケアハラなどに関しては，2019年の法改正によって何が変わったのか，少々わかりにくいかと思います。

　セクハラやマタハラに関しては以前より，「男女雇用機会均等法」などによって，会社に措置義務が課されていました。たとえば，育児休業を取ったことに対してその社員が解雇されるようなことはもちろん，上司や周りの従業員がその人に対して嫌がらせなどをすることが禁止されていたわけです。

　今回はそれに加えて，セクハラやマタハラ，ケアハラなどを受けた社員が会社に相談した際，そのことを理由として会社が差別的な取扱いをすることが禁止されたのです。

　また，事業主に対して新たに「男女雇用機会均等推進者」を選任する努力義務が規定されました。

　派遣労働者を受け入れて使用している派遣先事業主についても，その派遣労働者を雇用している事業主とみなしてパワハラ対策を実施することが努力義務として課されました（セクハラ，マタハラ等についてはすでに規定あり）。

　こうした説明だけではわかりにくいところがあるかと思いますが，ざっくり言えば，「以前から存在していたセクハラやマタハラについての法規制の実効性をより一層高める」ことが，今回の法改正の狙いと言えるでしょう。

　以上が，今回の法改正の「ざっくり」とした全体像です。

　これを受けて，「事業主側」つまり経営者や役員，人事・労務担当者，そして管理監督者（上司）は，早急にパワハラ防止法を理解し，その対策を講じることが求められます。一方「労働者側」，つまり働く一般社員も，パワハラのルールを理解して，パワハラ防止に努める必要があります。そうしないと，お互い大きなリスクを背負うことになるからです。それが今回の法改正の目的でもあり，目指すところでもあるのです。

Q6　大企業と中小企業との取扱いの違い

「大企業」と「中小企業」とで取扱いが異なる点はあるのでしょうか。

Answer

　大企業については，2020年6月から義務づけられますが，中小企業は2022年5月末までは努力義務になります。

【解　説】

1　意外と広い？　大企業の定義

　「パワハラ防止法」の施行により，すべての企業はパワハラ防止措置を実施することが義務づけられました。詳細は第6章で述べますが，就業規則等においてパワハラ禁止の方針を明記するとともに，違反した社員への懲戒処分規定や相談窓口を設ける，といったことが必要となります。

　この法改正はまず，大企業について2020年6月1日から施行されました。つまり，大企業はこの日までに具体的な対策を立て，実施する必要があったということです。

2　中小企業は当面努力義務

　中小企業に関しては，「2022年5月末日までの間は，努力義務とする」とされています。つまり，その間は「努力する」でよいことになります。とはいえ，2022年6月1日には義務化されるということで，それほど多くの時間があるわけではありません。

　一見，大変そうではありますが，すべてを1から作る必要があるわけではありません。企業にはすでに，男女雇用機会均等法において，セクハラやマタハラの防止措置が義務づけられています。つまり，すでに存在しているはずのセクハラ等の防止措置に，パワハラも加えればよいということです。

　そう考えれば，いくぶん気が楽になるのではないでしょうか。

　ちなみに，大企業というと「社員数数千人の巨大企業」を思い浮かべる人も多いと思いますが，ここでいう大企業と中小企業の定義とは中小企業庁が定めるもので，一般的なイメージとはかなり乖離しているので注意が必要です。

62

具体的には以下の図表のようになります。この定義だと，世の中的には「中企業」くらいの認識の企業も大企業に含まれるということがあるはずです。自分の会社はどちらに入るのか，改めて確認しておきましょう。

[図表2]　中小事業主の定儀

	資本金の額・出資の総額		常時雇用する労働者の数
小売業（飲食店を含む）	5,000万円以下	また は	50人以下
サービス業	5,000万円以下		100人以下
卸売業	1億円以下		100人以下
その他の業種	3億円以下		300人以下

Q7　法律違反企業に対する処分

法律に違反した企業の取扱いはどのようなものでしょうか。

Answer

企業名の公表などの処分がされます。

【解　説】

1　「企業名が全国にさらされる」ことのダメージは想像以上

さて，企業がこれらの法律に違反したらどうなるのでしょうか。

たとえば，相談窓口を設ける義務を怠ったり，事前に「パワハラに関する相談内容は口外しない」という約束だったものが上司に伝わってしまい，

それによってさらにパワハラがひどくなってしまったり，といったケースです。

2019年に施行された「働き方改革関連法」では，年次有給休暇取得義務に違反した企業に罰金刑が科されることになり，大きな話題となりました。それに対して今回のパワハラ防止法においては，法律違反をした企業に罰金刑などが科されることは，今のところありません。

その代わり，違反した企業の名前が公表されることになります。

より具体的には，問題が発覚した場合，まずは厚生労働大臣または都道府県労働局長による勧告が行われます。そして，それに従わなかった場合，その旨を公表することができるという「法違反事業主名の公表」の規定が設けられたのです。

また，厚生労働大臣は，事業主から「パワハラ防止・相談等の措置義務」および「不利益取扱いの禁止」の法規定の施行に関し，必要な事項について報告を求めることができる規定が設けられました。その際，報告をしなかったり，あるいは虚偽の報告をしたりした場合，「20万円以下の過料に処する」とされています。

はっきり言って企業にとって，このくらいの罰金が経営にダメージを与える，ということはないでしょう。

むしろ，勧告に従わなかった場合に「会社名が公表される」ということのほうがダメージが大きいと思われます。これはいわば「パワハラ企業」というレッテルが貼られることと同義だからです。

2 「指針」が事実上のルールになる理由

では，先ほど述べた厚生労働大臣指針（告示）に照らし合わせ，明らかに「パワハラ」だという事案が発生したときには，企業や上司はどうなるのでしょうか。

これについても，「指針に違反したから即有罪！」といったことはあり

ません。指針とはあくまで「ガイドライン」のことであって，事業主に対しての強制力を持つものでないからです。

　ただし，企業がパワハラを受けた社員からの申し出に対して社内で適切に対処，解決することができず，都道府県労働局の個別労働紛争解決制度における調停，地方裁判所における労働審判，あるいは民事訴訟となった場合，この指針がパワハラか否かの判断の根拠，基準とされることが予想されます。たとえば，パワハラ被害を受けた労働者が地方裁判所に訴えを起こした場合，上司は不法行為を，そして企業も安全配慮義務（就業環境保全義務，労働者の健康保全義務）不履行などにより損害賠償を請求されるということです。

　だからこそ，強制力がないとはいえ，指針が事実上の「パワハラの法律ルール」となるのです。

Q8　法律制定の意義

パワハラ防止法制定の意義は何でしょうか。

Answer

　「パワハラ」という用語が誕生してから20年で法律になった，ということです。

【解　説】

　パワハラ防止法の成立は2019年6月，施行は2020年6月1日でした。ここに至るまで，パワハラについての対応は徐々に進められてきました。

　たとえば，2009年4月に，「労働者災害補償保険法」に基づく労災認定の基準が改正され，パワハラなどを表す「ひどい嫌がらせ，いじめ，又は暴行を受けた」が追加されました。さらに2011年には，心理的負荷による

精神障害の労災認定基準が策定され，この認定を受ければ労働基準監督署から各種の労災給付が支給されることになりました。これらは，パワハラなどの各種ハラスメントによってメンタル不調をきたした人への救済措置です。

　一方，2012年度には，厚生労働省で「職場のいじめ・嫌がらせ問題に関する円卓会議」が行われ，パワハラの定義が設けられました。この定義は，今回の法改正の基本的な考え方となっています。また，2017年度には，「職場のパワーハラスメント防止対策についての検討会」が開かれました。

　こうした動きを踏まえ，2019年になってついに「パワハラ防止法」の成立に至った，という流れになります。パワハラという言葉が生まれてから約20年かけてようやく法律化された，ということになります。

　法律化されるまでに長い年月がかかった理由の1つとしては，企業などの組織における上司から部下への正当な業務の指揮命令権限の行使とパワハラとの区分が非常に困難であった，ということもあったのではないでしょうか。

Q9　労働施策の方向性

近年の国の労働施策の方向性を教えてください。

Answer

労働者を守る方向で次々と法改正が行われています。

【解　説】

　今回の法改正により，「パワハラが法律で定義されるようになった」と聞いて，今さら感を持つ人もいたかと思います。

　法律が世の中の流れに合わせて作られるものである以上，時代の流れよ

り常に一歩，二歩遅れざるを得ないというのは，やむを得ない部分もあります。

それでもこの数十年，労働関係の法律は徐々に「労働者を守る」方向へと動いてきているのは，紛れもない事実です。

たとえば，2019年4月に施行された通称「働き方改革関連法」ですが，この法律の肝の1つが，労働時間の上限の設定および年次有給休暇の取得の義務化でした。そして，それらの法規定を守らない企業には罰則を与えるということで，企業に対してより強制力を高めているわけです。まさに，労働者を守る方向の法律改正だと言えるでしょう。

今回のパワハラ防止法も，「労働者を守る」という流れに沿った法改正であることは明らかです。

Q10　法改正の本当の意味

2019年の法改正が示す「本当の重要性」は一体何なのでしょうか。

Answer

見逃されがちな点ですが，実は「国に対する義務づけ」であるということが重要です。

【解　説】

2019年の法改正に関して，「つまり，従来から問題視されていたパワハラについて，やっと法律によるルールが決まったわけだね」と考えられるかもしれません。

確かにそのとおりではあります。ただ，「たったそれだけのこと」だと考えると，その本質を見誤りかねません。

Q2のAの3で，今回の法改正は「国にパワハラ対策を義務づける」も

のだと述べました。具体的には，労働施策総合推進法において，国の施策として「職場における労働者の就業環境を害する言動に起因する問題の解決を促進するために必要な施策を充実すること」が規定されました。

　また，すでに法律が整備されているセクハラやマタハラについても，今回の法改正によって，事業主に対してハラスメントの防止・相談等の対応が義務づけられたと述べました。

　これらはどういうことかというと，国全体として「ハラスメントをなくすこと」を目指すとともに，その体制が整ったということを意味します。

　これは，筆者のように長年，労働法令に携わってきた者からすると，非常に意義深いことです。まさに，国の姿勢が180度変わったことを意味するからです。

Q11　法改正後の社会動向

法改正後のパワハラをめぐる社会の動向はどのようになりそうでしょうか。

Answer

　今後，加速度的に「パワハラに厳しい時代」がやってくると予想されます。

【解　説】

　労働施策総合推進法はかつて，「雇用対策法」という名称でした。そのことからもわかるように，あくまでも国や企業の視点から，どのように労働力を確保するかに重点が置かれていた法律だったのです。

　その後，時代の変化に応じて，徐々に法律の重点が「働く人」のほうにシフトしていきました。そして今回，かつての雇用対策法である労働施策

総合推進法において，パワハラの防止が謳われました。視点が180度変わったというのは，こういうことです。

　そしてそれは，国の姿勢にも大きく影響するものと考えられます。すでに従来から厚生労働省はセクハラ・パワハラ対策に力を入れてきましたが，今回，法律的な裏づけができたことで，それに一層拍車がかかると思われます。

　それは，企業側からすれば，取り締まりがより強化される可能性があるということであり，世の中全体として，今よりさらにパワハラに対する風当たりが強くなるということでもあります。現在は「法律に違反した企業名を公表する」というだけの対応についても，今後見直されるかもしれません。

　そこを見誤ると，企業の死活問題にもなりかねない。そのことをぜひ，再認識していただければと思います。

第**4**章

パワハラ問題の現状と
パワハラ防止法の必要性

Q1　最近のパワハラ事例

マスコミで話題となったパワハラ事件にはどのようなものがありますか。

Answer

たとえば，広告代理店の事件，国会議員が辞職した事件などがあります。

【解　説】

1　社会を揺るがした「パワハラの事件簿」は

「社員のパワハラ自殺により，会社が謝罪」

「パワハラ疑惑によって辞任」

昨今，こうしたニュースが頻繁に報じられています。

ここ数年の中で，特に印象に残った事件をいくつか挙げてみましょう。

（1）大手広告代理店でのパワハラ自殺事件

2015年，大手広告代理店D社に勤務していた新人女性社員が自殺した事件です。自殺の原因は，長時間労働によってうつ病を発症したこととされていますが，「上司から女子力がないと言われた」「土日返上で作成した資料をボロクソに言われた」といった彼女自身のSNSへの書き込みもあり，長時間労働だけでなくパワハラ・セクハラが問題視されることになりました。

最終的には，労働基準法違反の疑いで当時の上司が書類送検され，社長が引責辞任するに至りました。世間的にも「ブラック企業」として大いに騒がれ，企業ブランドが大きく損なわれることになったのです。

（2）国会議員のパワハラ事件

2017年，自民党の女性衆議院議員であるＴ氏が，自身の秘書に対して暴言を繰り返し，ときに手を出すこともあったという事件です。秘書がパワハラの現場を録音をしていました。「このハゲー！」「違うだろー！」といった音声が公開され，大きな話題となりました。

議員は世間からの大バッシングに遭い，自民党を離党し，直後の衆議院議員選挙には無所属で出馬するも落選しました。

（3）電機メーカーでのパワハラ自殺事件

2019年末にも，ある電機メーカーでのパワハラ自殺事件が話題となりました。20代の男性新入社員が自殺したもので，上司からのパワハラの存在をうかがわせる書き置きが残されていたそうです。弁護士が公表したこの書き置きは，以下のような内容だったと言います。

「教育主任から言われた暴言として，同19日に「おまえが飛び降りるのにちょうどいい窓あるで，死んどいた方がいいんちゃう」，21日には質問に答えられなかった新入社員に「自殺しろ」との内容も記されていた（日本経済新聞　2019年12月18日）。」

もし，本当にこんな言葉が使われていたとしたら，これはもう明らかなパワハラと言えるでしょう。

2　ニュースになるような案件は「氷山の一角」

こうしたニュースを見た多くの人は，
「さすがにこんなひどいことを言うわけがない」
「うちの会社はここまでひどくない」
と考えるのではないかと思います。確かに，直接的に「死ね」などという言葉が使われるようなケースは，そう多くないかもしれません。

ただ注意すべきは，こうしてニュースになるような事件は，被害者が自

殺をしてしまったりといった「最悪のケース」ばかりだということです。

　実際にはここまで露骨ではなくても，パワハラと認定されるケースが全国の企業で多数発生しているのです。

　「こんなんじゃ辞めてもらうしかないよ」

　「君は部門のお荷物だ」

このレベルの言葉は，一昔前のサラリーマンにとっては「厳しい叱責」くらいのイメージだったかもしれません。こうした言葉は，今ではパワハラ扱いとなる可能性が高いです。

　「君には期待していたのに，残念だ」

　「なぜ本気を出さないんだ」

聞きようによっては「愛のムチ」と言えるようなこうした言葉も，状況によってはパワハラと認定されてもおかしくありません。

Q2　パワハラの発生状況

企業におけるパワハラの発生状況はどれくらいなのでしょうか。

Answer

　以下のとおり，実に多くの企業で発生しています。

【解　説】

　2016（平成28）年に厚生労働省が約4,500社の企業を対象に行った調査によれば，過去3年間で47.6％もの企業でパワハラに関する相談があり，そのうちの68.3％で実際にパワハラに該当する事案があったという結果が出ています（[図表3] 参照）。労働問題の解決を図る「個別労働紛争解決制度」には，年間8万件を超えるパワハラに関する相談が寄せられています。

　つまり，誰にとっても，どんな会社にとってもパワハラは「他人ごと」ではないのです。

[図表3]　パワハラの実態調査より

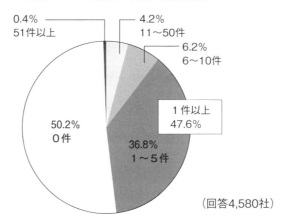

企業における過去3年間の相談件数

（回答4,580社）

※0件には，「現在も過去もパワハラに関する相談はない」「パワハラに関する相談を受け付けていない」を含む。

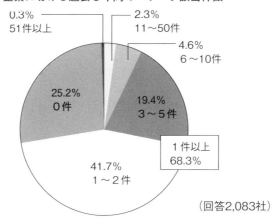

企業における過去3年間のパワハラ該当件数

（回答2,083社）

（資料出所）厚生労働省，平成28年度「職場のパワーハラスメントに関する実態調査報告書」

Q3 労働行政機関の取扱件数

労働行政機関の取扱件数はどれくらいあるのでしょうか。

Answer

　以下のとおり，個別労働紛争解決制度の取扱件数と労災保険の補償給付件数が増加しています。

【解　説】

1　個別労働紛争解決制度の取扱件数

　個別労働紛争解決制度とは，事業主と労働者，つまり会社と社員との間の労働条件や就業環境などをめぐるトラブルを未然に防止し，早期に解決を図るための制度です。パワハラに限らず，不当解雇の問題など，会社と社員の間で発生するあらゆる問題に対応しています。

　各都道府県にある厚生労働省直轄の労働局によって運営されており，相談に乗るだけでなく，助言や指導を行ったり，紛争調整委員会による「あっせん」をしたりすることで，問題の解決を図ります。

　企業におけるすべての問題がこの制度の下に持ち込まれるわけではありませんが，その増減から傾向を把握することは可能です。

　厚生労働省が発表した数字（「平成30年度個別労働紛争解決制度の施行状況」）によると，2018（平成30）年度における総合労働相談件数，助言・指導の申出件数，あっせん申請の件数は，いずれも前年度より増加となっています。

　なかでも総合労働相談件数は111万7,983件となっており，11年連続で100万件を超えました。このうち，パワハラを含むと考えられるのが「いじめ・嫌がらせ」の項目ですが，こちらは過去最高の８万2,797件を記録

しています。

　次が，自己都合退職（4万1,258件），解雇（3万2,614件）となっていますので，「いじめ・嫌がらせ」についての相談が圧倒的に多く，かつ，増加していることがわかるのです。

2　労災保険の補償給付の件数

　労災保険とは，仕事中に発生した事故などにより従業員が負傷したり病気になった際，その従業員が所轄の労働基準監督署に請求し，要件を満たすことで，「労働災害」（労災）と認められ，国からの各種給付が行われるというものです。身体的なケガや病気だけでなく，業務を原因とする心の病，つまり精神障害（うつ病，適応障害，パニック障害など）についても認定が行われます。

　厚生労働省が発表した「脳・心臓疾患と精神障害の労災補償状況」によると，職場での（ひどい）嫌がらせ，いじめ，暴行などのパワハラにより，うつ病等の精神障害を負い，労災保険による各種補償給付を受けるケースが徐々に増えているのです。

| **Q4** | パワハラの告発状況 |

パワハラを受けても黙っている社員は多いのでしょうか。

Answer
　多くいます。

【解　説】

1　約半分の企業でパワハラが行われている!?

　パワハラは増えているのでしょうか。

　厚生労働省が，2016（平成28）年度について行った職場のパワハラに関する実態調査では，調査対象企業のうち約半数でパワハラが疑われる事態が発生し，そのうちの約7割，つまり全体の3分の1の企業で実際にパワハラ事例があった，ということになっていました。

　一方，従業員に対する調査では，過去3年間にパワハラを受けたことがあると回答した人は，回答者全体の32.5％に上りました。

　この数字からは，少なくとも全体の3分の1くらいの企業でパワハラが発生している，という実情が見えてきます。

2　パワハラを受けても黙っている社員が多い

　また，注目すべきは次の調査結果です。［図表4］をご覧ください。同じく従業員に対する調査で，「パワハラを受けた後にどのような対応をしたか」について質問したところ，40.9％が「何もしなかった」，また12.9％が「会社を退職した」と回答しているのです。

　つまり，パワハラを受けても黙っている人が相当数いる上に，そのまま会社を辞めてしまう人もいるということです。「3分の1の会社でパワハラが発生している」という結果は，あくまで氷山の一角かもしれず，実際には半数かそれ以上の企業でパワハラが発生しているかもしれない，ということです。

[図表４]　パワハラの実態は？

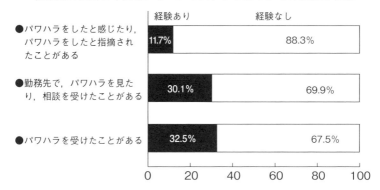

従業員の過去３年間のパワーハラスメントについての経験の有無

●パワハラをしたと感じたり，パワハラをしたと指摘されたことがある　経験あり 11.7%　経験なし 88.3%

●勤務先で，パワハラを見たり，相談を受けたことがある　30.1%　69.9%

●パワハラを受けたことがある　32.5%　67.5%

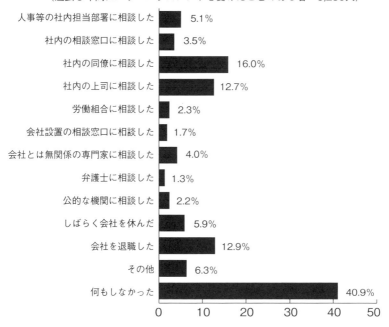

パワーハラスメントを受けた従業員の対応（％）
（過去３年間にパワーハラスメントを受けたことのある者：3,250人）

人事等の社内担当部署に相談した　5.1%
社内の相談窓口に相談した　3.5%
社内の同僚に相談した　16.0%
社内の上司に相談した　12.7%
労働組合に相談した　2.3%
会社設置の相談窓口に相談した　1.7%
会社とは無関係の専門家に相談した　4.0%
弁護士に相談した　1.3%
公的な機関に相談した　2.2%
しばらく会社を休んだ　5.9%
会社を退職した　12.9%
その他　6.3%
何もしなかった　40.9%

（資料出所）厚生労働省，平成28年度「職場のパワーハラスメントに関する実態調査報告書」

Q5　職場のルール等の変化

職場のルール，働く人の意識は変化しているのでしょうか。

Answer

日々，変化してきています。

【解　説】

「俺が若いころは，こうした叱責は日常茶飯事だった」
と考える人もいるでしょう。

　ただ，社会や職場のルールは日々刻々と変化しています。かつては「美徳」とされていた残業も，昨今では「仕事が遅い」「人件費の無駄遣い」とされる時代です。こうした変化に対し「俺は認めない」と言ったところで，時代遅れの人材として排除されるだけでしょう。

　そもそも，「自分がかつてやられたことは，部下にやってもいい」という考えは，極めて危険です。パワハラ上司を再生産することになるからです。

　厳しい指導が，ときに部下の成長を促すことは否定しません。ただし，それによって成長した人がいる一方で，心を病んでしまったり退職してしまったりした人もいたはずです。働き手が豊富だった高度成長時代には，それがあまり問題視されていなかっただけではないでしょうか。

　厳しい指導や叱責が当たり前だとされていたスポーツ界ですら，昨今はパワハラ問題が噴出しています。

　つまり，「世の中のルールが変わった」のです。

　言いたいことはあっても，そう割り切って，今日の職場の「パワハラのルール」に従うしかないのです。

Q6　パワハラの悪影響

パワハラ問題が発生した企業のマイナス点は何でしょうか。

Answer

　社会的にその企業のイメージが大きく下がり，社員の採用活動に悪影響を及ぼす，社員が勤労意欲を失うなど，百害あって一利なしです。

【解　説】

1　誰もが恐れる「ブラック企業」のレッテル

　職場のパワハラの問題がこれほどクローズアップされるようになった背景には，企業にとってパワハラが極めて大きなリスクであることが明らかになってきたことがあるでしょう。

　パワハラ行為が明るみになった企業は「ブラック企業」というレッテルを貼られ，社会的な糾弾を受けることになります。

　それによる最も直接的な影響は，社員の採用活動でしょう。とりわけ，昨今の求職者は職場環境に対して敏感です。口コミサイトには「社内の雰囲気がよくない」「面接官の態度が悪い」などという書き込みがあふれ，そうした情報が大きな影響力を持ちます。

　また，企業に対する不買運動や社内の混乱などで，売上や利益への影響が出ることも必至です。

2　「百害あって一利なし」それがパワハラ

　そうでなくても，パワハラは百害あって一利なしです。

　パワハラを受けた当人は，仕事への意欲が失われるだけでなく，メンタルや体調への影響が出てくることもあります。その結果，うつ病を患って

休職になったり，辞職したりするに至っては，その人の人生設計には大きな影響が出てしまいます。

　職場のいじめを受けているグループは，受けていないグループに比べて心理的ストレス反応リスクが4倍から5倍，心的外傷後ストレス障害（PTSD）症状の発生リスクが8倍も高いという研究結果もあります（川上憲人ほか「労働者における職場のいじめの測定方法の開発とその実態，健康影響および関係要因に関する調査研究」）。

　会社に貢献してくれることを期待して採用した人材がこのような形で能力を発揮できなくなることは，本人はもちろんチームにとっても，会社にとっても不幸なことです。

　パワハラは，社内的にも社外的にも大きなリスクとして，企業の前に立ちはだかっているのです。

Q7　企業のパワハラ対策の少なさ

従来，企業のパワハラ対策が5割にとどまっていた理由を教えてください。

Answer

　パワハラの明確な定義，企業の対策実施の義務づけがなかったことも一因です。

【解　説】

　これまで，企業にはパワハラ問題防止対策が義務づけられていませんでした。しかし，最近，企業側も昨今の状況に対応し，自主的に就業規則の禁止規定やパワハラ防止のガイドラインを作るなどの措置を講じるケースが増えてきました。

　ただし，ここで1つ問題がありました。これまで「パワハラ」という言葉には，明確な定義がなされていなかったのです。

　もちろん，過去の裁判例から「これをやったらパワハラ」という基準はある程度示されていました。しかし，そもそも裁判になるようなケースは相当悪質な場合が多く，判例がない場合もあります。そのため，企業側も対応策を取りにくい，という側面があったのです。それもあってか，企業側の対応は十分とは言えない状況が続いていました。

　前述Q4の実態調査によると，回答企業全体の82％が「パワー・ハラスメントの予防・解決は経営上の課題として重要」だと感じている一方，実際に予防・解決に向けた取組みをしている企業は52.2％にとどまっています。特に，従業員99人以下の企業においては，26.0％と3割を下回っている状況です。

　2019年6月に成立した「パワハラ防止法」では，「職場におけるパワハラとは何か」が法規定で定義づけられるとともに，企業にパワハラ対策が義務づけられました。この法律は企業に対して義務を課し，企業のパワハラ対策の実施を後押しするものです。

Q8	パワハラ問題への上司の反応

パワハラ問題に対しての上司の気持ちはどのようなものなのでしょうか。

Answer

　上司もまた「部下への接し方」に困っています。

【解　説】

　パワハラは企業にとってはもちろん，会社員にとっても大きな関心事で

す。

　上司からパワハラ被害を受けるかもしれない社員はもちろんです。しかし、「パワハラ」の問題を最も恐れているのは、むしろ「どうやって部下に接すればよいのか」に悩む企業のマネジャークラス（管理監督者）の人かもしれません。チームの業績アップのためには、部下に働いてもらわなくてはなりません。そして上司には、部下に対して業務上の指揮命令をする権限も与えられています。ただし、誰もが言われたとおりに動いてくれるとは限りませんし、その際、厳しく言いすぎると、「パワハラ上司」というレッテルを貼られてしまいます。一体、どのようにチームをマネジメントすればよいのか……。

　しかも昨今、職場のパワハラに対する社会的な批判が高まるにつれ、パワハラを行ったとされる人への厳罰化が進んでいます。「業績を出していれば、会社だって大目に見てくれるはず」というのは、甘い考えでしょう。もし、企業が「パワハラ隠し」に加担していたとなると、世間からの批判はより大きなものになるからです。

　もちろん、最初から悪意を持ってパワハラ行為を行っているような人は論外であり、厳しく罰せられるべきでしょう。ただ、本人としては心の底から良かれと思ってやったことかもしれません。前述したように「自分はこの会社でそのように育てられた」ということで、それが当然だと思っている人もいるでしょう。

　そんな誤解を持ったまま罰せられる上司もまた、見方によっては被害者と言えるかもしれません。

　「パワハラ」という言葉の広がりとともに、マネジャー層の人々から「どのように部下を指導したらよいのかわからない」「何を言ったらよいのかわからない」という悩みが聞かれるようになってきました。その結果、本来は指導すべきときに何も言えなかったり、注意すべきことを注意できなくなったり……という人もいるようです。

　この問題は，「パワハラとは何か」をきちんと理解していないからこそ
生じるものだと言えるでしょう。

第 **5** 章

セクハラ・マタハラ・パタハラ・ケアハラの新ルール

1 セクハラ・マタハラ・パタハラ・ケアハラに関する法規制の強化

Q1　新しいルール

セクハラ，マタハラ，パタハラ，ケアハラの新ルールについて
教えてください。

Answer

　従業員が会社にセクハラ，マタハラ，パタハラ，ケアハラについて相談
したことなどを理由とする，会社による不利益取扱いが禁止されました。

【解　説】

1　セクハラ，マタハラ，パタハラ，ケアハラのルールも厳しくなった！

　2019年の法改正では，パワハラについての法整備が行われるとともに従
来から法規制が設けられていたセクハラ等についての法改正も行われまし
た。
　一言で言えば，従来から法規制されていたセクハラ，マタハラ，パタハ
ラ，ケアハラについて，その実効性を高めるための法改正が行われた，と
いうことです。
　ちなみに，これら4つのハラスメントの内容と相互の違いについては，
本書の「はじめに」に説明してあるとおりです。
　たとえば，上司，同僚などによるセクハラなどについて会社に相談した

ことに対し，会社が解雇などの不利益な取扱いをすることが禁じられました。これはパワハラについても同様です。

　さらに，あくまで「努力義務」ではありますが，自社の社員が社外でセクハラをした場合，その事実確認への協力をすることが定められました。

　パワハラとセクハラ，パタハラ，マタハラは，一緒に取り上げられることが多く，「相手の意に反する」「会社に不利益をもたらす」など，多くの共通点があります。

　ぜひこの機会に，セクハラなどのハラスメントについてのOKとNGについても知っておいてほしいと思います。

② セクハラの具体例と判断時の注意点

Q2　セクハラの定義

セクハラとはどのような言動を指すのでしょうか。

Answer

　性的な言動によるいじめ，嫌がらせ，不利益取扱いなどのハラスメントのことです。

【解　説】

1　知っているようで知らない「セクハラ」の定義

　セクハラとは何でしょうか。

　「職場で女性に対して下品な発言をすること」

「女性社員になれなれしくボディタッチをすること」

確かにこれらはセクハラですが，実際にはセクハラの範囲はもっともっと広いものです。

セクハラについて規定しているのは「男女雇用機会均等法」とそれに基づく厚生労働大臣指針（いわゆるセクハラ指針）です。その定義によれば，セクハラとは「職場において，その会社の役職員から，労働者に対して，当人の意に反する性的な言動が行われ，それを拒否するなどの対応により解雇，降格，減給などの不利益取扱いを受けること」または「性的な言動が行われることで当人の就業環境が不快なものとなったため，労働者の能力の発揮に悪影響が生じること」となります。

ざっくり言えば，「性的な言動によるハラスメント」と考えればよいでしょう。

性的な発言の例としては，「相手の性生活について聞くこと」「スリーサイズを聞くこと」などが挙げられるほか，直接相手に対する発言でないものの，たとえば，「相手の性的な事柄を言いふらす」ことも含まれます。

また，性的な関係の強要はもちろん，必要がないのに相手の身体に触ること，わいせつな図画を配布することも，性的な行動とされます。

Q3 対価型と環境型

「対価型」セクハラと「環境型」セクハラについて教えてください。

Answer

以下の✖がアウト，つまりセクハラになります。

これらのうち，以下の2が「対価型」セクハラ，3が「環境型」セクハラの具体例です。

【解　説】

1　「2つのセクハラ」を知っていますか？

　セクハラにもいろいろありますが，大きく「対価型」と「環境型」の2つに分類されます。

　「対価型」セクハラとは，性的な言動に対して拒絶したり抵抗したりしたことで，労働者が不利益を受けることです。たとえば，上司が執拗に性的な関係を迫り，拒否されたからその労働者を解雇する，などというケースです。そこまで露骨でなくても，「2人きりでの飲みに誘い，断られたから降格させた」「別の部署に異動させた」というレベルでも，十分にこの「対価型」セクハラとなり得ます。

　もう1つの「環境型」セクハラとは，性的な言動により労働者の就業環境が害される（肉体的または精神的な苦痛を受ける）というものです。たとえば，上司が不要なボディタッチを繰り返し，それによる苦痛で業務に支障が出る，といったケースです。対価型セクハラのように明確な不利益はなくとも，仕事をするにあたって不快な思いをするだけでも十分，セクハラになるということです。

　何がセクハラになり，何がならないかについては，「セクハラ指針」によってより細かく示されています。

2　対価型セクハラの例は？

　たとえば，対価型セクハラの例として，

❌ 事務所内において事業主が労働者に対して性的な関係を要求したが，拒否されたため，当該労働者を解雇すること。

❌ 出張中の車中において上司が労働者の腰，胸等に触ったが，抵抗されたため，当該労働者について不利益な配置転換をすること。

✖ 営業所内において事業主が日頃から労働者に関わる性的な事柄について公然と発言していたが，抗議されたため，当該労働者を降格すること。

などが挙げられています。

3　環境型セクハラの例は？

また，環境型セクハラの例としては，

✖ 事業所内において上司が労働者の腰，胸等に度々触ったため，当該労働者が苦痛に感じてその就業意欲が低下していること。

✖ 同僚が取引先において労働者に関わる性的な内容の情報を意図的かつ継続的に流布したため，当該労働者が苦痛に感じて仕事が手につかないこと。

✖ 労働者が抗議をしているにもかかわらず，事業所内にヌードポスターを掲示しているため，当該労働者が苦痛に感じて業務に専念できないこと。

などが挙げられています。

Q4　レッドカードとイエローカード

セクハラのレッドカード，イエローカードに該当する言動にはどのようなものがあるのでしょうか。

Answer

以下の✖がレッドカード，▲がイエローカードです。

【解　説】

1　すでに多くの裁判例・ガイドラインがあるセクハラ

　ただ，Q3の例だけでは「何がセクハラで，何がセクハラではないか」をすべて網羅しているとは言えません。

　セクハラに関しては男女雇用機会均等法が制定されてから30年以上経っていることもあり，各種の「判例」が出揃っています。あるケースがセクハラか，セクハラでないかをめぐって裁判が行われた場合，そこで出た判決がその後の目安となっているわけです。

　また，この分野のガイドラインとなる資料として，日本経済団体連合会（経団連）が出した『セクハラ防止ガイドブック』と，人事院による「セクシュアル・ハラスメントの防止等の運用について」という資料があります。これらは裁判例や学説の考え方に近く，企業が人事労務管理，訴訟リスク・マネジメントの立場から対応する場合には，大いに参考になるものです。

2　レッドカード（✖）とイエローカード（△）

　そこで，以降はこれらの資料をもとに，「何がセクハラになるか」をより具体的に見ていくことにしましょう。

✖　レッドカード該当行為（絶対に避けるべき言動）

① 雇用利益や不利益の与奪を条件に性的誘いをかけるなどをする
- 人事考課，配置，異動などの配慮を条件にして誘いかける
- 性的要求への服従や拒否によって雇用上の扱いを変える

② 性的な嗜好などによって人事管理の差別的取扱いをする

- 性的な好き嫌いなどによって雇用上の扱いを不公平にする
③ 弾圧的に性的行為に誘ったり執拗に交際の働きかけをする
- 業務上の指導などの名目にかこつけて個人的な接触を図る
- 性的関係を求める発言を繰り返す
- 食事やデートにしつこく誘ったり，嫌がられているのにつきまとったりする（いわゆるストーカー行為も含む）
④ 相手の身体への一方的な接近や接触を図る
- 抱きついたり，腰や胸に触る
- 職場で通りがかるたびに逃げようとしても髪や肩や手を触る
⑤ 性的な言動によって極度に不快な職場環境をつくる
- 繰り返し性的な電話をかけたり，電子メールを送ったりする
- 職場にポルノ写真やヌードカレンダーを継続的に掲示する
- 性的冗談を繰り返したり，複数の者が取り囲んでしつこく言う
- 化粧室や更衣室の前などで胸や腰をじっと見る
- 接待においてお酒の酌やデュエットを強要する
- 性的魅力をアピールするような服装や振る舞いを強要する
⑥ 人格を傷つけかねない性的評言や性的風評をする
- 性的にふしだらなどと悪質な中傷を繰り返す
- 私生活上の秘密や個人の性に関する噂などを意図的に流す

⚠ **イエローカード該当行為（できるだけ避けるべき言動）**

① 性別による差別的発言や蔑視的発言をする
- 女性のみ「ちゃん」づけで呼んだり，「女の子」と呼ぶ
- 「女性に仕事は無理だ」「男だったら徹夜しろ」などと言う
② 性的な言動によって正常な業務の遂行を妨害する
- 相手が返答に窮するような性的冗談を言う

・個人的な性的体験談を話したり，相手に聞いたりする

③　性的な言動によって望ましくない職場環境をつくる

・髪，肩，手などに不必要に触れる

・休憩時間にヌード雑誌をこれみよがしに読んだり見せたりする

④　性的に不快感をもよおすような話題づくりや状況づくりをする

・任意参加の会合で，上司の隣に座ることやお酒の酌を要求する

・ある女性と他の女性との性的魅力について比較する

⑤　不必要に相手の個人領域やプライベートを侵犯する

・スリーサイズを尋ねたり，身体的特徴を話題にする

・顔を合わせるたびに「結婚はまだか」「子どもはまだか」と尋ねる

(出所)『セクハラ防止ガイドブック』(経団連出版，1999年)

✖　セクハラになり得る言動

1　職場内外で起きやすいもの

(1)　性的な内容の発言関係

①　性的な関心，欲求に基づくもの

・スリーサイズを聞くなど身体的特徴を話題にすること

・聞くに耐えない卑猥な冗談を交わすこと

・体調が悪そうな女性に「今日は生理日か」「もう更年期か」などということ

・性的な経験や性生活について質問すること

・性的な噂を立てたり，性的なからかいの対象とすること

②　性別により差別しようとする意識等に基づくもの

・「男のくせに根性がない」「女には仕事を任せられない」「女性は職場の花でありさえすればいい」などと発言すること

- 「男の子，女の子」「僕，坊や，お嬢さん」「おじさん，おばさん」などと人格を認めないような呼び方をすること

(2) 性的な行動関係
① 性的な関心，欲求に基づくもの
- ヌードポスター等を職場に貼ること
- 雑誌等の卑猥な写真・記事等をわざと見せたり，読んだりすること
- 身体を執拗に眺め回すこと
- 食事やデートにしつこく誘うこと
- 性的な内容の電話をかけたり，性的な内容の手紙・Eメールを送ること
- 身体に不必要に接触すること
- 浴室や更衣室等をのぞき見すること
② 性別により差別しようとする意識等に基づくもの
- 女性であるということだけで職場でお茶汲み，掃除，私用などを強要すること

2 主に職場外において起こるもの
① 性的な関心，欲求に基づくもの
- 性的な関係を強要すること
② 性別により差別しようとする意識等に基づくもの
- カラオケでデュエットを強要すること
- 酒席で，上司の側に座席を指定したり，お酌やチークダンスなどを強要すること

(出所)「セクシュアル・ハラスメントの防止等の運用について」(人事院規則)

Q5　セクハラの具体例

セクハラの具体的な例を教えてください。

Answer

以下，✖1から✖6のとおりです。

【解　説】

✖1　「仕事のアドバイスをしてあげるから，今度2人で飲みにいかない？」と誘う

　ここでレッドカードとされている事例は，あえて詳しく説明するまでもないものばかりです。突然相手に抱きついたり触ったりすることは，もはや単なる犯罪です。ホテルや自宅に誘うのはもちろん，2人きりでの飲食に誘うこともまた，レッドカードです。

　ここに挙げた例も，誘った側が上司など権限を持っている立場であれば，これは明らかな「対価型」のセクハラと言えるでしょう。あくまで仕事の話だと言い張ったところで，「2人だけで飲みに行く」という誘いである以上，性的なものと考えられても無理はないのです。

　同様に，自分の部署に異動を希望している人を「相談に乗ってあげよう」と誘うようなことも，セクハラとされます。たとえ単なる相談だとしても，相手としてはそれを断ったら心証が悪くなり，異動が不可能になると考えるに十分な状況と言えます。

　下心があろうとなかろうと，こうした誘い自体が問題になるのです。ある程度の立場にある人は，自分の発言の「重み」について，常に意識しておくべきでしょう。

✕2 「あいつは男をとっかえひっかえしているらしい」などの噂を流す

　「食事に誘う」「ホテルに誘う」などは直接的なセクハラですが，ここに挙げた「性的な噂を流す」といった間接的な行為もまた，セクハラになるので注意が必要です。

　その内容が事実かどうかは関係ありません。人格を傷つけかねない性的風評を流すことは，明らかなセクハラです。

✕3 社内の女性に「ちゃん」をつけて呼ぶ

　これは絶対にNGとは言えないのですが，避けたほうがよいケースです。男性も含め社内の人全員を「ちゃん」づけするならまだよいのですが，女性だけ「ちゃん」づけするとなると，セクハラとされる恐れがあります。つまり，「女性だけ」ということが，差別だと判断されるのです。

　同様に女性のことを「女の子」と呼ぶことも差別的だとされる可能性があります。「女性はそちらの部屋を使ってください」を，「女の子はそちらの部屋を使ってください」などと表現するようなケースです。

　本人は親しみを込めたつもりかもしれませんが，結局，問題は相手がどう取るかです。「お嬢さん」などの表現も避けるべきですし，「おばさん」は論外です。

　前にクイズで取り上げましたが，同様の理由で「女性だけ」にお茶汲みをさせることも，セクハラだとされることがあります。

✕4 男なら根性を見せろ！

　セクハラは「女性に対して」とは限りません。「女性だけ」がNGである

のと同様，この例のような「男性だけ」もまた，セクハラになり得ます。「男性なら徹夜くらいしろ」「男のくせに根性がないな」なども，差別的だとされる可能性があります。

　先ほど女性について「おばさん」と言うことが差別的になるという話をしましたが，この理屈からは「おじさん」もセクハラになり得るのです。

　一方，「女性には無理だ」というような発言は，一見女性への配慮に見えますが，言い方によっては差別的にとらえられるでしょう。つまり「男だから」「女だから」というステレオタイプに凝り固まったような発言は避けよ，ということです。

✕5　誰もが見えるところにセクシーなポスターを貼る

　これは「環境型」セクハラです。露骨なヌードポスターはもちろんですが，お酒の広告にあるような，水着の女性が大きく映っているようなポスターも避けるべきでしょう。休み時間に性的な雑誌をこれ見よがしに読んだり，ネットでそうしたサイトを見ることもNGです。

✕6　「結婚はまだか」「子どもはまだか」としつこく聞く

　これは「旧来型」の上司はついついやってしまいがちかもしれません。結婚するのも子どもをつくるのも，あくまで個人の自由です。社内の，しかも公衆の面前でこういう話をするのは避けるべきでしょう。

　ただし，キャリアプランや業務の必要上，出産の予定などを確認する必要があるケースもあります。その場合は，あくまで相手の許可を取った上で，話題にする分には差し支えないでしょう。

○印に改めよう！

　他にもケースを挙げればいくらでもありますが，キリがないのでこれくらいにしておきます。

　では，セクハラをしないためにはどうすればよいでしょうか。

　1つは，「男性だから」「女性だから」という発想を極力なくすことでしょう。「女性はお茶汲み」というような発想は，時代遅れどころかセクハラになると心得ておきましょう。「男なら」という発想もやはり，根性論ではなくセクハラとされる時代です。

　とはいえ，生理や妊娠・出産など，女性だけに特有のものはもちろんあり，それらについての配慮は必要です。つまり，こうした話題を配慮もなく口にしないようにすべき，ということです。

　もう1つは，「上司である自分の影響力を過小評価しない」ことでしょう。軽い気持ちでの誘い文句が，相手からは「断れない命令」と受け取られてしまう可能性があるからです。もちろん，2人きりで話さねばならないこともあるかもしれませんが，それは社内で行いましょう。職場の親睦を深めるために会合を開きたいのなら，あくまで大勢で実施することです。それが基本です。

Q6　セクハラ判断時の注意点

セクハラと判断する際の注意点を教えてください。

Answer

　主に以下の1から3です。

【解　説】

1　「相手が嫌がっていなければOK」とはいえ……

　セクハラになるのは，相手の労働者の「意に反すること」が条件となります。つまり，相手が望んでいたり，同意していたらセクハラにはならない，ということです。

　この点，セクハラは「住居侵入」と似ていると言われています。他人の家に無断で侵入する行為は犯罪ですが，住人の事前の同意があれば問題ありません。その点で共通しているからです。

　ただし，相手がどう思っているかを勝手にこちらが判断することはできません。相手が自分に好意を持っていると一方的に思い込み，親愛の表現のつもりで発した言葉でも，相手が不快に思えば，それはセクハラになるのです。セクハラ事件で加害者が「相手が気を持たせるようなそぶりをした」という言い訳をすることがありますが，それは通用しないのです。

　こうなるともう「社内恋愛なんて不可能では？」と思う人もいるかもしれません。もちろん，相手が嫌がっていないのならセクハラにはなりませんが，特に相手の立場が上である場合，そう簡単に相手のことを拒めない，という事情もあります。少なくともあなたの立場が上だとしたら，「君子危うきに近寄らず」の気持ちでいるべきでしょう。

2　女性から男性へのセクハラも……

　ここで1つ注意すべきなのは，「セクハラとは男性から女性への行為に限らない」ということです。女性上司が男性部下に対して行うセクハラもあり得ますし，男性同士，女性同士のセクハラもあります。

　女性から男性へのセクハラのことを「逆セクハラ」などと言うことがあります。しかし，本来，セクハラとは男女問わず当てはまるものですから，

この表現はおかしいのです。昨今は女性管理職が増えてきたこともあり，こうした問題がよりクローズアップされているようです。

　女性管理職が男性を執拗に飲みに誘うなどはもちろん，わざと露出の高い服装でアピールする，といったこともセクハラになり得るので，注意が必要です。

3　「女性だから」はもちろん，「男性だから」もアウト！

　そもそも，「女性だから」「男性だから」という発想自体が，セクハラになる可能性があります。

　「女性だから昇進させない」「女性だから会議に呼ばない」といったケースは，セクハラであるとともに「男女雇用機会均等法」の「男女の機会均等取扱い」の法規定に違反する行為にもなります。

　「女性にお茶汲みをさせる」という会社は，いまだに多いのではないでしょうか。これについて，もし「お茶汲みは女性だけがやる仕事」となっていたら，セクハラとなる可能性があります。

　男性についても同様で，「男性だから残業しろ」という発言が，セクハラになる可能性があります。

　そもそも，「男性が」「女性が」という発想に凝り固まっていると，思わぬセクハラをしてしまいかねないのです。

　いかがでしょうか。セクハラは思った以上に「広い概念」を持つということを，ご理解いただけたのではないかと思います。

　すでに「当たり前のこと」になっているからこそ，セクハラの概念について，今一度確認しておきたいところです。

Q7　セクハラ加害社員と会社に対する処分等

セクハラを行った社員，防止・解決を怠った会社に対して，どのような処分等が行われるのでしょうか。

Answer

　加害社員に対して，①社内の懲戒処分，人事異動，②刑事処分，③被害社員からの損害賠償請求が行われる可能性があります。このうち③については会社も請求される可能性があります。

【解　説】

1　セクハラ加害社員の取扱い

　セクハラを行った社員については，会社からの懲戒処分だけでなく，刑事上，民事上の法違反を問われるケースが多くあります。Q2～Q5で前述したようなセクハラの例の中には，刑法（強制わいせつ罪，名誉毀損罪，侮辱罪等），軽犯罪法，迷惑防止条例，ストーカー規制法などの違反になることも多く含まれています。

　また，相手が訴えることで，民事上の損害賠償請求を負うケースもあります。

2　会社への損害賠償請求も

　それだけでなく，会社の責任が問われることもあります。

　セクハラに関して会社の責任が最初に認められた判例として知られる「福岡セクハラ事件」というものがあります。

　上司である編集長の男性Ａ氏が，部下の女性Ｂさんの性的な風評を社内外に流したことに対し，ＢさんはＡ氏本人に抗議し，同社の専務に対しても改善を求めた。しかし，専務は「両者の話し合いで誤解を解くしかない」「話し合いがつかなければ辞めてもらうしかない」と答え，結果，Ｂさんは退職した。

　それに対するＢさんからの損害賠償請求に対し，裁判所は「会社が労働環境調整義務を果たさなかった」として，会社の責任を認めた。

③　セクハラ・マタハラ・パタハラなどの現状

Q8　セクハラ・マタハラ・パタハラの現状

セクハラ，マタハラ，パタハラの発生件数などは，今どうなっているのでしょうか。

Answer

セクハラは減少していません。

【解　説】

1　かつての流行語大賞「セクハラ」の今

セクハラについては，パワハラに先立って法整備が進められており，

1997年には「男女雇用機会均等法」において企業にセクハラ防止に配慮する義務（配慮義務）が課され，2006年には「配慮義務」が，必ず会社が守らなければならない「措置義務」になりました。

　これほど長くセクハラ防止が叫ばれている以上，件数は減ってきていると思われそうですが，実際にはどうなのでしょうか。

　数字を見てみると，セクハラは増加こそしていないものの，ほぼ横ばいというのが現状のようです。2017（平成29）年度のセクハラに関する相談件数は6,808件で前年よりは減っているものの，是正指導が行われた件数は4,458件で前年より増えている，といった具合です（平成29年度 都道府県労働局雇用環境・均等部（室）での法施行状況）。

　セクハラとは「セクシュアル（性的な言動による）ハラスメント」という意味ですから，男性から女性だけではなく，女性から男性へ，あるいは同性同士のセクハラというものも存在します。

　少々古い数字ですが，2014（平成26）年度に都道府県労働局雇用均等室に寄せられたセクハラについての相談件数では，女性からのセクハラの訴えが6,725件あったのに対し，男性からの訴えも618件あったとなっています。男性の訴えの数は女性の10分の1くらい，ということです。

2　マタハラだけでなく，最近は「パタハラ」も

　「マタハラ」についても，ご存知の方が多いと思います。「マタニティハラスメント」，すなわち，産前産後休業，育児休業などを取得しようとする女性社員に対してのいじめ，嫌がらせ，不利益な言動や取扱いをすることです。

　セクハラと同じく男女雇用機会均等法によって企業に防止・相談等の措置義務等が課されているものです。これも前述の数字によれば，2017（平成29）年で約2,500件の相談が寄せられ，都道府県労働局により5,700件の是正指導が行われています。

　では，「パタハラ」はご存知でしょうか。パタニティ（Paternity）は，英語で「父性」を意味する言葉です。育児休業，看護休暇など育児・介護休業法によって認められている，各種の育児支援制度を利用しようとする父親である社員に対するハラスメントのことです。男性社員の育児参加が増えるに従って，やはり増えてきているようです。

Q9　LGBTハラスメント

最近話題になっているLGBTハラスメントとはどのようなものでしょうか。

Answer

性的指向についてのいじめ，嫌がらせ，差別などのことです。

【解　説】

　最近，特に無視できなくなっているのが，「LGBT」へのハラスメントです。

　LGBTとは，いわゆる「性的少数者」を指す言葉で，Lesbian（レズビアン，女性同性愛者），Gay（ゲイ，男性同性愛者），Bisexual（バイセクシュアル，両性愛者），Transgender（トランスジェンダー，性別越境者）の頭文字を取った用語です。

　レズビアン，ゲイ，バイセクシュアルがいわゆる「性的指向」（どの性別の人を好きになるか）であるのに対し，トランスジェンダーはいわゆる「性自認」（自分の性をどのように認識しているのか）に関するものです。身体の性は男性なのに心の性は女性，というようなケースです。

　こうした人々に対するハラスメントは，「Sexual Orientation（性的指向）」と「Gender Identity（性自認）」の頭文字を取り，「SOJIハラ（ソジ

ハラ）」とも呼ばれますが，言葉としての浸透はまだまだのようです。

　ただ，言葉があろうとなかろうと，こうした指向を持つ人々は以前から
ずっといたわけで，当人は人知れず苦しんでいたはずです。「性的少数者」
と言いますが，ある調査によれば全体の8.9％，つまり11人に1人はこれ
に当てはまるというのですから，決して「少数」とは言い切れないのです
（電通ダイバーシティ・ラボ「LGBT調査2018」）。

　ここまで，「職場におけるパワハラ」について述べてきたことは，当然，
パワハラ以外のハラスメントについても言えることです。すなわち，もし
こうした問題が発生した場合，企業の内外に大きな問題が起こること，そ
れを防止するためには，ルールをきちんと理解しておかねばならない，と
いうことです。

　2019年に成立したパワハラ防止法では，パワハラだけでなく，これらの
ハラスメントについても改正が行われました。この際，パワハラのルール
とともに改めて確認しておくべきでしょう。

第 **6** 章

「ハラスメント・ゼロ」の職場づくり

―関係法令・指針で定められている
予防・相談・解決の方法とは―

職場におけるハラスメントには，主に，

① パワハラ（パワーハラスメント）
② セクハラ（セクシュアルハラスメント）
③ マタハラ（マタニティハラスメント）
④ パタハラ（パタニティハラスメント）
⑤ ケアハラ（ケアーハラスメント）
⑥ LGBTハラスメント

などさまざまなものがあります。

　第6章では，（a）これらのハラスメントのない職場にするためには，どのようにしたらよいか，（b）その職場にハラスメントが発生したらどのように対応し，解決したらよいかなどについて説明します。

　これらは，パワハラ防止法等の関係法令と厚生労働大臣指針に定められていることをわかりやすく，具体的に解説するものです。

　その企業においてこれらの対策を十分に講じていない状態で，ハラスメントトラブルが発生し，被害労働者から労働審判や民事訴訟を提起された場合には，裁判官に安全配慮義務（労働者の就業環境保全義務，健康保全義務等）の不履行と判断される恐れがありますので，留意が必要です。

1　ハラスメント全般の予防対策

Q1	経営トップの宣言

経営「トップの宣言」が不可欠というのはどのような意味でしょうか。

Answer

　経営トップが「職場からハラスメントをなくす」ことを明確に示すことが何よりも大切ということです。

【解　説】

1　たった1人の「パワハラ・セクハラ上司」の放置が，組織を崩壊させる

　取組みを始めるにあたって真っ先にすべきことがあります。それは「職場のパワハラ・セクハラなどのハラスメントはなくすべきである」ことを，経営トップが宣言することです。

　これがあって初めて，職場の1人ひとりがハラスメント防止の意識を持つことができますし，社内全体でパワハラ・セクハラなどについて話し合う機運が生まれます。

　ハラスメントでしばしば問題になるのが，被害者が会社にハラスメントを訴えたのに途中で「もみ消される」ことです。こういうことがあると，ハラスメント防止の機運は一気に萎えてしまいます。

　だからこそまず，経営トップがハラスメント防止を宣言するのです。そして，万一の時は自分に直接訴え出てほしいと伝える。これで社員はより

安心できるとともに，トップの「本気」を感じ取ることができます。

逆に言えば，トップが「隗^{かい}より始めよ」でなくてはなりません。

トップがハラスメントまがいのことをしている企業は論外ですが，成果を上げている，あるいは長年面倒を見てきた子飼いの人間だからといった理由で，ハラスメントを行っているマネジャーを放置するようなことがあれば，社内の士気は一気に低下します。たった1人でも例外を作ってはいけないのです。

2　データでも示されている「宣言の重要性」

これについて，興味深いデータがあります。パワハラ防止法に関する取組内容で会社がどう変わったかを調査したものです。それによれば，「トップの宣言」「各種研修」「周知活動」の3つのパワハラ防止活動のうち，研修や周知活動だけを行った場合に比べ，トップが宣言した上で研修と周知活動を行った結果，改善が見られたという企業が圧倒的に多かったのです（厚生労働省「取組内容に応じた「職場の生産性」に関する職場の変化」「職場のパワーハラスメントに関する実態調査報告書」（平成28年度））。

宣言が必要なのは，経営者だけではありません。あなたが部門のマネジャーだとしたら，ぜひどこかのタイミングで，「セクハラ・パワハラの撲滅を目指す」という姿勢を，言葉として伝えるべきでしょう。パワハラ防止法が施行されたタイミングは，その絶好の機会かもしれません。

ただし，これはトップにも言えることですが，「法律ができたから仕方なくやりますよ」感が言葉の端々に出てしまっては逆効果です。法律はあくまできっかけであり，各種のハラスメントは企業にとって大きなリスクになり，早急な対策が必要であることを，ぜひ，自身の言葉で語ってください。

Q2　企業の実施すべき対策とは

企業が必ず実施しなければならない「対策」について，教えてください。

Answer

就業規則の変更，相談窓口の設置等が必要です。

【解　説】

1　就業規則等の変更が必要になる

「パワハラ防止法」の施行により，企業にパワハラ対策が義務づけられることになったのは，これまでに述べてきたとおりです。

事業主が講ずべきパワハラ・セクハラなどの防止対策等については，厚生労働省の「指針」によって定められています。

まず「事業主の方針等の明確化及びその周知・啓発」です。

簡単に言えば，就業規則等に「パワハラ・セクハラなどのハラスメントをしてはいけませんよ」という方針を明記するとともに，それに違反した人に対する懲戒処分規定を設けることです。そして，その内容を社内に周知するとともに，研修や講習などを行うことです。

ざっくり言えば，「就業規則にパワハラ・セクハラなどをしてはいけないこと，もしパワハラをしたら懲戒処分となることを明記しなさい。そして，何がパワハラ・セクハラなどになるかの基準を明確にして，それを社員にちゃんと伝えなさい」ということです。

ちなみに就業規則とは，使用者が，事業所ごとに，その職場で働く労働者の労働条件や労働環境，企業秩序・服務規律，懲戒処分などについて定めたものです。いわば「職場の憲法」ともいえる重要なものです。

そんなものは見たことがない，という人もいるかもしれません。しかし，労働基準法で，常時10人以上の労働者が働いている事業所については，①就業規則の作成・変更（労働者の過半数代表者の意見を聴くことが必要）と，②労働基準監督署への届出，③労働者への周知が義務づけられていますから，該当事業所には必ずあるはずです。

2　相談窓口を設け，「その後の対応方法」も決めておく

もう1つ必要になるのが「相談窓口の設置」です。パワハラ，セクハラなどが発生した際，あるいは「これはパワハラ，セクハラなどではないか」という疑いがある場合，どこに相談するかをあらかじめ社内で明確にしておき，周知させておくのです。単に担当者を決めるだけではなく，実際に相談が持ちかけられた際，どのように対処するのかといった流れも決めておく必要があります。

大事なのは，社員が安心して相談できる体制を作ることです。当然のことですが，ハラスメントの窓口が当のパワハラ上司だった，などは論外ですし，社内に周知する文章に「相談内容の秘密は守る」といった条項を入れておくことも不可欠でしょう。

また，これらすべての過程において，ハラスメントに関する相談を行ったこと等を理由とする不利益な取扱いが禁止されるとともに，相談者に十分な配慮をすることが求められています。ハラスメントを訴えたら降格になった，あるいは相談したことを直属の上司にバラされた，というようなことは絶対にあってはなりません。

また，実際にパワハラがあったと認定された場合，どのような懲戒処分や配置転換を行うのか，さらには再発防止をどうするかまで決めておく必要があります。

3 実はそれほど大変な作業ではない？

　一見，大変そうではありますが，2019年の法改正は，「セクハラやマタハラと同じことを，パワハラに関してもしなさいよ」と企業に義務づけるものです。企業の中にはすでに，セクハラ防止・対応の措置が設けられているところもあるはずです。その場合，そこにパワハラも加えればよいのであり，全くゼロから作る，というわけではないのです。

　厚生労働省のパワハラ指針でも，「セクシュアルハラスメント等の相談窓口と一体的に，職場におけるパワーハラスメントの相談窓口を設置し，一元的に相談に応じることのできる体制を整備することが望ましい」とされています。確かに，パワハラなのかセクハラなのか区別がつきにくいケースや，セクハラとパワハラが同時に行われているような事例もあるはずです。窓口は一体化したほうが合理的だと言えます。

　そう考えれば，作業上の負担はそこまで大きくない，と考えることもできるのではないでしょうか。

　これらの対策を講じるのは，基本的には経営者層や人事・総務担当者の仕事となります。ただし，ハラスメントが起こらない職場は全社員で一体となって作っていくべきものでもあります。一般社員の方もぜひ，知っておいてほしいと思います。

Q3　アンケートの実施

アンケートを行うことで，実態を把握することは可能でしょうか。

Answer

可能です。

　効果的な対策を実施するためには，実態，問題点を正しく把握すること

が不可欠です。

【解　説】

1　本人はもちろん「隣のパワハラ」についても聞く

　ハラスメント防止対策にあたって，社員へのアンケートは非常に効果的です。

　言うまでもありませんが，回答内容は関係者以外には厳秘であり，特に直属の上司にその情報が漏れるようなことがあってはなりませんし，それを疑わせるようなことすらNGです。

　たとえば，いつでも提出できる回答用ボックスを社内に設けるのは有効な手段ですが，それが目立つ場所にあると，「あいつ，上司に不満があるのだな」などと，いらない憶測を招く恐れがあります。これは，問題がある人もない人も全員が回答するアンケート形式にすることで防ぐことができますし，メール等による回答のほうがプライバシーは守られやすいかもしれません。

　アンケートでは自分自身のことだけではなく，「周囲でパワハラやセクハラまがいのことが起きていないか」について聞くことも重要です。本人が言い出せない場合もあるでしょうし，自分がきつく当たられるのは自分が悪いからだと自責の念に駆られ，本人がパワハラであると認識していない場合もあるからです。

　当人同士はパワハラやセクハラだと思っていなくても，周りの人がそのやりとりを不快に思っている可能性もあります。たとえば，ある上司が部下に対して「馬鹿じゃないか」「やる気あるのか」などの厳しい言葉を繰り返しているのに対し，その部下は「愛のムチ」として納得していたとしても，周りの人がそれを聞いて不快感を覚え，就業環境が害されるなら，パワハラになる可能性があります。

2　すぐに対応しつつ，すぐに対応しない!?

　では，集まったアンケートにパワハラ，セクハラなどの訴えや相談があったらどうするか。ここで大事なのは，「放置しない」ことと「鵜呑みにしない」ことです。一見，真逆に見えますが，どちらも大切なことです。

　まず，パワハラやセクハラが疑われる訴えがあったら，すぐにそれを「受け取った」ことと，「しかるべき対処をする」ことを，訴えた本人に連絡することが大事です。その際，「絶対に相手には情報を漏らさない」ことを再度伝えるのもよいでしょう。

　ここで，「まずは事実確認を」と時間をおいてしまうと，当の社員が疑心暗鬼に陥ってしまうからです。告発は勇気のいる行為です。それだけに，「本当に届いたのだろうか」「上のほうで大問題になっているんじゃないか」などと不安になるものです。まずは，本人に安心してもらうことが重要です。

　一方で，パワハラ，セクハラなどがあったかどうかの事実確認は，慎重に行わなくてはなりません。書いてあることを鵜呑みにし，告発された人をすぐに糾弾するようなことがあってはなりません。話が盛られている可能性もあれば，単に折り合いが悪いだけの可能性もあるからです。

　もし当事者以外からのアンケートで「あれはパワハラだ」という報告があれば，信憑性はより高くなるでしょう。周囲の人からのヒアリングも含め，慎重に事実関係を探っていきます。

Q4 ハラスメントを発見するために

職場内でハラスメントを「埋もれさせない」ために工夫すべきことは何でしょうか。

Answer

各種研修，啓発により意識を高めることが大切です。

【解　説】

1　研修やポスターはやっぱり効く

パワハラ，セクハラなどのハラスメントをさせない，あるいは「埋もれさせない」ためには，常に社内に周知し続ける必要があります。

そのための最も一般的な対応は「研修」でしょう。管理監督者に対してパワハラ防止の重要性について説くとともに，「これはパワハラ，セクハラになる」というケースを具体的に伝えるような研修が効果的です。さらに，同様の研修を一般社員向けに行ってもよいでしょう。

ちなみに研修で重要なのは「やりっぱなしにしないこと」です。研修を受けた直後は「注意しなければ」と思っていても，時が経つにつれて忘れてしまうものです。1年に1回など定期的に研修の機会を設けたほうがよいでしょう。ポスターを貼り出すことで常に意識させることも，古典的ですが意外と効果があります。

2　問題が一気に噴出！　でも，驚かないように

相談窓口に「気軽に相談できる」という印象を持ってもらうことも重要です。

窓口を人事部とするのもよいのですが，かくいう人事部でパワハラが起

きていないとも限りません。相談窓口をあえて新設し，そこに誰でも相談
しやすいよう複数部門の人を配置することで，会社の覚悟を示すという効
果も期待できるでしょう。

　異性には相談しにくいこともあるかもしれないので，相談窓口には男女
双方を置くことが理想です。言うまでもありませんが，口が堅いことが絶
対条件です。

　労働組合のある会社なら，企業と協力して，あるいは企業とは別個に相
談窓口を設けるという方法もあります。会社には言いにくいことも，労働
組合になら言いやすい，というケースはあるものです。その他，産業カウ
ンセラーやメンタルヘルス相談の専門機関や弁護士事務所との連携を検討
してもよいでしょう。

　ちなみに，ハラスメントの相談窓口を設けた企業でよく聞かれるのが，
「窓口を設けた瞬間に予想以上の相談が寄せられて社内が混乱する」とい
うことです。「社内にこんなに問題が山積していたのか」と驚かれるかも
しれませんが，これはハラスメント防止に関する意識が高まっている表れ
ととらえればよいのではないでしょうか。

　少なくともここで「数が多すぎる。ちょっとでも減らさなくては」など
と思わないことです。「ハラスメント隠し」につながりかねません。

② トラブル発生時の相談・解決のしかた

Q5 トラブル発生時の対応

ハラスメントに関するトラブルが発生した際に，どのように対処したらよいでしょうか。

Answer

以下のように対処方法を決めておきます。

【解　説】

　では，実際にパワハラが疑われる案件が出てきたら，どうするか。

　その前にまず，いざ問題が発覚した場合，どういう体制や手順で解決を図るかを決めておく必要があります。どのように事実認定を行うのか，もし事実だと判明した場合，どのようにその対応を話し合うのか，といったことです。この際，ハラスメント相談窓口とは別に，責任者も含めた「ハラスメント対策委員会」を設置し，問題の解決を図るのが一般的です。事実確認や懲戒処分，解決策の作成などに関して，公平性と一貫性を確保するためです。

　一連の流れの例を［図表5］に図示したので，参考にしてください。

[図表5]　ハラスメント事案についての相談・苦情への対応の流れの例

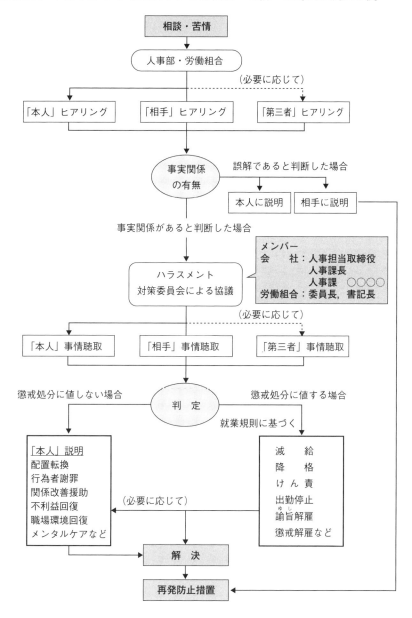

Q6 相談・対応

ハラスメントに関する相談・対応の際の注意点を教えてください。

Answer

以下の1から3のとおりです。

【解　説】

1　相談窓口が「ハラスメント隠し」に加担しないように

　対応時のポイントはいくつかあります。まずは，先ほどアンケートのところで述べたように「放置しない」ことが大事です。

　そして，実際に相談者と対面して話を聞く際には，「相談者の話をじっくり，ゆっくり聞く」ことが挙げられます。

　相談の中には，「それって本当にハラスメントなの」というようなケースもあるでしょう。それでもまずは，最後まで相手の話をじっくりと聞くべきです。ヒアリングも複数回行うほうがよいでしょう。相談者が「話を十分に聴いてもらった」と感じることで，相談担当者（カウンセラー）との間に信頼関係が生まれ，結果として相談対応がうまくいくからです。

　ここでやってはいけないのが，「相談担当者が説得しようとする」ことです。たとえば，上司からのハラスメントじみた指導を訴えた社員に対して，「上司は君のためを思って指導しているのだから，もう少し我慢できないか」「君のほうにも改善すべき点があるのではないか」などアドバイスするようなことです。このような対応をされると，社員は「結局，会社は上司の味方なんだ」と思ってしまうことでしょう。

　相談窓口はアドバイザーではありません。あくまで「聴く」ことに徹しましょう。

2　当事者への確認は慎重に

　相談者の話は丁寧に聴いた上で，事実確認はしっかり行う必要があります。誤解や事実誤認があるかもしれませんし，相談者が悪意を持って上司を貶めようとするケースもなくはありません。客観性を持って判断すべきですし，その際，別の部署などの第三者の意見は大いに参考にすべきです。

　特に，直接の関係者に話を聴く際には注意が必要です。以前，ある会社で，「上司に無視され，仕事を妨害される」という相談に対し，相談担当者が相談者の了解を得ずに行為者や第三者にヒアリングを行ってしまった事例がありました。それを知った相談者はショックを受け，問題はさらにこじれてしまいました。

　とはいえ，もちろん本人の話を聴かずに，対応の仕方を決めることはできません。ハラスメント対策委員会はすべての話を総合し，客観的な判断を下すことが求められます。

3　「厳しく罰すればよい」とは限らない

　また，相談者が何を求めているかを聴くことも重要です。パワハラ行為をなくしてほしいのか，それだけでなく別の部門に異動したいのか，あるいは上司を懲戒処分してほしいのか。

　現状のままの組織体制でよいので，とにかくハラスメントをなくしてほしい，というのであれば，行為者に対する指導や研修などで対応可能かもしれません。一方，相談者が「あんな上司の下では働けない」というのであれば，人事部と相談して調整する必要があります。

　ハラスメント加害者への対応は厳しくすればよい，とは限らないことにも注意すべきです。相談者本人が「できれば穏便に済ませたい」と考えているのに，思いのほか重い処分が上司に下された場合，相談者本人がショックを受け，むしろ不満を持ってしまうようなケースもあるのです。

　相談者にとっても組織にとっても，上司あるいは部下を配置転換，つまり別の部署に異動させることがベストな選択肢であることが多いでしょう。直接顔を合わせないことが，ハラスメント防止にはとても重要だからです。

　ただし，普段から配置転換があまりないような職場では，噂が噂を呼び，ハラスメントの被害者が心理的に傷ついてしまうことが考えられます。普段から配置転換を頻繁に行うような「風通しのよい職場」であることが，ハラスメント対策の上でも重要だということです。

4　より大事なのは「再発防止をどうするか」

　もし，本当にハラスメント行為があったと確認できたらどうするのがよいのでしょうか。事前に決めたルールに従って対応することになります。悪質ならば懲戒処分や降格などの人事異動を検討することになります。ここで「あいつがいないと仕事が回らなくなるから」などと手心を加えるようでは，ルールを定めた意味がありません。

　ただし，前述したように，相談者の感情に配慮することが重要です。

　たとえば，ハラスメントが認定され，部署異動が行われることになった場合，その理由まで細かく知らせるべきでしょうか。それがハラスメントへの抑止効果になるので知らせるべきという考え方もありますが，相談者本人が大事にしたくないというケースもあります。間違いを認めてやり直そうという上司に対し，「ハラスメント上司」のレッテルを貼ることが果たしてよいのかという問題もあります。

　ケースバイケースとしか言いようがないのですが，多くの場合，異動なら異動の結果だけを伝えることが多いようです。

　ゴールはあくまで，「よりよい職場をつくること」であることを忘れないようにしてください。

Q7　根本原因の撲滅

ハラスメント発生の根本原因をなくす方法を教えてください。

Answer

　場当たりの対処ではなく，きちんと原因を探り，改善策を講じることです。

【解　説】

　起こってしまったことは仕方がありません。大事なのはどう再発を防止するかです。

　まずは「なぜそのハラスメントが起きてしまったのか」の原因を究明し，予防策が取れないかを考えます。

　たとえば，上司と部下とが部屋で2人きりになることが多く，周りの目が行き届かないことがハラスメント発覚の遅れにつながったというのであれば，部門同士を近づけて目が行き届くようにするという対応が考えられるでしょう。あるいは，上司が部下を個室に呼びつけてハラスメントを行っているようなケースでは，いっそ会議室をガラス張りにしてしまう手もあります。実際，最近の企業ではこうした会議室が増えているようです。

　仕事の効率が悪いことが原因で，部下の人格を否定するような言動を上司が繰り返していたとしたら，もちろん，一番の問題は上司です。ただし，部下の仕事が非効率なのは，会社の教育体制がなってないせいかもしれませんし，そもそも業務の無駄が多いことが原因かもしれません。この際，教育体制や業務体制を根本的に見直すことが必要かもしれません。

　さらに言えば，問題を起こした側も，会社にとっては貴重な人材です。たった一度の失敗で二度とチャンスを与えないのではなく，何が問題だったかを受け止めた上で，再度挑戦する機会を与えることも重要です。

　二度，三度と同じ間違いを繰り返すような人もいると思います。ならば，そういう人には部下をつけず，１人あるいは外部と協力して進める仕事を与え，その分野で実力を発揮してもらえばよいのです。要は「適材適所」の考え方です。

　パワハラやセクハラを乗り越え「よりよい職場をつくる」という思いで，再発防止に取り組んでほしいと思います。

Q8　改善指示

もし，上司が会社の改善指示に従わなかった場合にどう対応したらよいでしょうか。

Answer

状況に応じた懲戒処分を行います。

【解　説】

　もし，問題を起こした上司が会社としての改善指示を不服として，それに従わなかったらどうしましょうか。

　そもそも会社には，服務規律や企業秩序に違反した従業員に対して制裁，すなわち懲戒処分を行う権利があります。口頭で注意する「訓告（戒告）」，業務改善報告書を提出させるけん責から，減給，出勤停止，降格，そして最も重いものとして諭旨退職，さらに懲戒解雇となります。

　懲戒処分を行うには，あらかじめ，就業規則に懲戒処分の種類や内容を定めておくほか，本人に弁明の機会を与える，違反行為の重大さと処分の重さのバランスを取るなどのルールがありますが，基本的には本人が拒否をしたからといって，懲戒処分が行われないことはありません。

　当事者同士を遠ざけるために上司に異動を命じる際も同様に，上司が拒

否することはできません。人事異動は就業規則に基づく使用者側の権利です。原則としては従業員の同意を得ずとも，会社側が一方的に命ずることができます。もし，命令に従わなければ，懲戒解雇することができます。

　もっとも，これまでの慣行上転勤がなかった職場の社員を転勤させる場合などは，法律上，本人の同意を得ないと「人事権の濫用」として，人事異動が認められないようなケースもありますが，ハラスメントを原因とした異動ならば，そうしたこともないでしょう。

　人事担当者としては，こうした「理論武装」をしておくことも重要です。

③ 個別労働紛争解決制度の活用ほか

Q9	社内で解決できない場合に利用

ハラスメントのトラブルが社内で解決できない場合の対応方法を教えてください。

Answer

　労使双方が，都道府県労働局に設けられている「個別労働紛争解決制度」を利用することができます。

【解　説】

1　困ったら，都道府県労働局の「個別労働紛争解決制度」の利用も

　もし，社内でのパワハラ対応の結果，問題がこじれてしまい，当事者同

士ではどうにもならなくなったら，どうするか。お勧めしたいのが［図表6］の「個別労働紛争解決制度」の利用です。

これは各種ハラスメント・トラブルの解決や労使間のトラブルの調停制度として設けられているものです。担当者は各種トラブルの解決に精通していますし，制度の利用は無料で，労使のいずれからも申し込みができます。

相談の結果を受け，都道府県労働局長による助言・指導が行われ，解決が図られます。それでも解決されない場合，「紛争調停委員会によるあっせん，調停」が行われます。パワハラ，セクハラやマタハラ，解雇や配置転換，出向，労働条件や労働契約に関するトラブルなど，あらゆるものを対象とした制度です。

解決までにかかる期間は，ケースにもよりますが1カ月から数カ月くらいです。もし民事訴訟となれば数年がかりになることを考えれば，かなり早期の解決が図れることがわかると思います。

なお，この制度の受付，各種ハラスメントに関係する法律，企業に対する行政指導等を担当しているのは，同労働局の雇用環境・均等部（室）です。

2　民事訴訟，労働審判で白黒つけるケースも多い

もし，職場のハラスメントが原因で社員が自殺してしまったり，うつ病などになり生涯にわたって働くことが難しくなってしまったりしたらどうなるでしょうか。被害者側が，加害社員に対しては不法行為，会社に対しては「労働環境整備義務の不履行」を理由として地方裁判所に民事訴訟を提起し，数年かけて勝訴した場合，会社側が支払う額は1億円程度に及ぶこともあります。これは被害者側への慰謝料だけでなく，被害者がもらうはずだった生涯賃金も含まれるからです。また，地方裁判所に労働審判を申し立てると，6カ月程度で結論が出されます。

　このようになる前に，早期に個別労働紛争解決制度により問題を解決することが，関係者にとって大切です。

【図表6】パワハラ紛争解決の手段

```
┌──────────────────────────────────────────────────┐
│　①　都道府県労働局長による助言・指導，勧告による解決　　　│
└──────────────────────────────────────────────────┘
          │
          ↓　上記①により解決できない場合
┌──────────────────────────────────────────────────┐
│　②　紛争調整委員会の調停委員が調停案の作成，調停，受諾勧告をして紛│
│　　　争の解決を図る　　　　　　　　　　　　　　　　　　　　│
└──────────────────────────────────────────────────┘
```

3　労災給付申請の取扱い

　自社の社員から「パワハラ，セクハラ等でうつ病などの精神障害を発症した。そこで，労災給付の申請をしたい。」という相談があったら，まず，労働基準監督署に相談した上で，社内で検討し，その社員に対応してください。

　なお，この問題については，拙著『Q＆A発達障害・うつ・ハラスメントの労務対応（第2版）』（中央経済社，2020年）をご覧ください。

《引用・参考文献》

『職場のハラスメント早わかり』（PHP研究所，2020年）

『Q&A発達障害・うつ・ハラスメントの労務対応（第2版)』（中央経済社，
　　2020年）

『改正女性活躍推進法と各種ハラスメント対応』（経営書院，2019年）

（いずれも拙著）

川上憲人ほか「労働者における職場のいじめの測定方法の開発とその実態，健
　　康影響および関係要因に関する調査研究」

日本経済団体連合会『セクハラ防止ガイドブック』（経団連出版，1999年）

人事院「セクシュアル・ハラスメントの防止等の運用について」

《著者紹介》

布施直春 （ふせ　なおはる）

2016年11月3日瑞宝小綬章受賞

1944年生まれ。1965年，国家公務員上級職（行政甲）試験に独学で合格。

1966年労働省本省（現在の厚生労働省）に採用。その後，勤務のかたわら新潟大学商業短期大学部，明治大学法学部（いずれも夜間部）を卒業。〔元〕長野・沖縄労働基準局長。〔前〕港湾貨物運送事業労働災害防止協会常務理事，葛西社会福祉専門学校非常勤講師（障害者福祉論，社会福祉論，公的扶助論，社会保障論，法学），新潟大学経済学部修士課程非常勤講師（講師歴通算15年），清水建設（株）本社常勤顧問，関東学園大学非常勤講師（労働法，公務員法）。〔現在〕羽田タートルサービス（株）本社審議役（顧問），公益財団法人清心内海塾（刑務所等出所者，障害者等の就職支援，企業の労務管理改善研修等）常務理事，社会福祉法人相思会（知的障害児施設）理事，労務コンサルタント，著述業，セミナー講師業　ほか。

労働法，社会保障法，障害者・外国人雇用，人事労務管理等に関する著書153冊。主な著書に『無期転換申込権への対応実務と労務管理』『改訂版　企業の労基署対応の実務』『雇用多様化時代の労務管理』（以上，経営書院），『これで安心！　障害者雇用の新しい進め方』『Q&A退職・解雇・雇止めの実務—知っておきたいトラブル回避法—』『Q&A改正派遣法と適法で効果的な業務委託・請負の進め方—従業員雇用・派遣社員をやめて委託・請負にしよう！』『モメナイ就業規則・労使協定はこう作れ！—改正高年法・労働契約法完全対応—』『その割増賃金必要ですか？—誰でもわかる労働時間管理のツボ』（以上，労働調査会），『雇用延長制度のしくみと導入の実務』（日本実業出版社），『平成27年改訂版　Q&A　労働者派遣の実務』（セルバ出版），『働き方改革関連法早わかり』『改訂新版　わかる！使える！労働基準法』（類書を含み累計20万部）（PHPビジネス新書），『労働法実務全書』（約900頁の労働法実務事典）『詳解平成27年改正労働者派遣法—改正法の企業対応と適法な業務処理請負への切替え実務』『詳解働き方改革法の実務対応』『改正入管法で大きく変わる　外国人労働者の雇用と労務管理』『Q&A発達障害・うつ・ハラスメントの労務対応（第2版）』（以上，中央経済社），などがある。

Q&A「職場のハラスメント」アウト・セーフと防止策

2020年9月10日　第1版第1刷発行

著　者　布　施　直　春

発行者　山　本　　　継

発行所　㈱中　央　経　済　社

発売元　㈱中央経済グループ
　　　　パ ブ リ ッ シ ン グ

〒101-0051　東京都千代田区神田神保町1-31-2
電話　03 (3293) 3371 (編集代表)
　　　03 (3293) 3381 (営業代表)
http://www.chuokeizai.co.jp/
印刷／㈱堀内印刷所
製本／㈲井上製本所

© 2020
Printed in Japan

Q&A

発達障害・うつ・ハラスメントの

労務対応（第2版）

布施直春 [著] 　Ａ５判／344頁

　2019年5月に成立した「女性活躍・ハラスメント規制法」によるパワハラ法制化等を踏まえた、発達障害や精神疾患を抱える従業員への対応と各種ハラスメント対策の決定版！

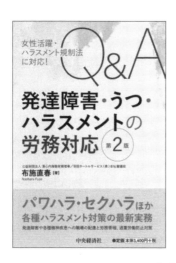

本書の内容

◎ 採用選考時の留意点

◎ 過重労働防止対策や
　 ストレスチェック

◎ 精神疾患発症時の対応

◎ 私傷病休職の発令、休職中の
　 取扱い、職場復帰、退職・解雇

◎ 労災の認定基準

◎ 労災補償給付の内容と手続

中央経済社